Weber/Marx
Verkehrsunfall – wie richtig verhalten?

WRS-Ratgeber

Verkehrsunfall wie richtig verhalten?

von
Rechtsanwalt Joh.-Christian Weber
und
Rechtsanwalt Hans-Dieter Marx
Freiburg i. Br.

WRS VERLAG WIRTSCHAFT, RECHT UND STEUERN

CIP-Titelaufnahme der Deutschen Bibliothek

Weber, Johann-Christian:
Verkehrsunfall – wie richtig verhalten? / Von Joh.-Christian Weber u. Hans-Dieter Marx. – Planegg/München: WRS, Verl. Wirtschaft, Recht u. Steuern, 1988
(WRS-Ratgeber)
ISBN 3-8092-0485-4
NE: Marx, Hans-Dieter:

ISBN 3-8092-0485-4 Bestell-Nr. 46.01

Satz: FOAG, Bruckmannring 1–3, 8042 Oberschleißheim
Druck: J. P. Himmer GmbH & Co. KG, Völkstr. 1, 8900 Augsburg

Inhaltsverzeichnis

Abkürzungsverzeichnis

Abs.	Absatz
ADAC	Allgemeiner Deutscher Automobilclub e.V.
AG	Amtsgericht
AuslPflVG	Ausländerpflichtversicherungsgesetz
BGH	Bundesgerichtshof
BRD	Bundesrepublik Deutschland
DEKRA	Deutscher Kraftfahrzeug-Überwachungs-Verein
evtl.	eventuell
ggf.	gegebenenfalls
HUK-Verband	Verband der Haftpflicht-, Unfall- und Kraftverkehrsversicherer
KFZ	Kraftfahrzeug
km	Kilometer
LG	Landgericht
m	Meter
OLG	Oberlandesgericht
OWiG	Ordungswidrigkeitengesetz
PflVG	Pflichtversicherungsgesetz
PLZ	Postleitzahl
rd.	rund
s.	siehe
sec.	Sekunde
sog.	sogenannte
StGB	Strafgesetzbuch
StPO	Strafprozeßordnung
StVG	Straßenverkehrsgesetz
StVO	Straßenverkehrsordnung
StVZO	Straßenverkehrszulassungsordnung
u.a.	unter anderem
TÜV	Technischer Überwachungsverein
u.U.	unter Umständen

Vorwort

Verkehrsunfall – was tun? Wir wünschen Ihnen, daß Sie sich diese Frage nie stellen müssen!

Leider muß dies angesichts der alltäglichen Realität auf unseren Straßen aber ein frommer Wunsch bleiben. Statistisch gesehen wird jeder fünfte PKW-Fahrer jährlich in einen Verkehrsunfall verwickelt – anders herum: jeweils nach Ablauf von rund fünf Jahren ist jeder PKW-Fahrer nach der Statistik einmal an einem Unfall beteiligt.

1987 gab es insgesamt fast 2 Milionen (polizeilich registrierte) Verkehrsunfälle. Hierbei wurden 7.973 Menschen getötet, bei 326.085 Unfällen wurden Personen verletzt. Darüber hinaus gab es eine unbekannte Anzahl weiterer Verkehrsunfälle, die in keiner amtlichen Statistik auftauchen.

Hält man sich vor Augen, daß auf bundesdeutschen Straßen derzeit (Stand 1.1.1988) 33,1 Millionen Kraftfahrzeuge, darunter 28,3 Millionen PKW und 1,33 Millionen Motorräder unterwegs bzw. zum Verkehr zugelassen sind, ungezählte Fahrradfahrer in die Pedale treten und letztendlich jeder Bundesbürger, und sei es „nur“ als Fußgänger, am Straßenverkehr teilnimmt, wird das Ausmaß des Problems „Verkehrsunfall“ vielleicht deutlich.

Wenn „es“ passiert ist, sollte man daher wissen, wie man sich zu verhalten hat, sei es als unschuldiger Geschädigter des Unfalls, sei es als schuldiger Verursacher.

Dieses Buch soll Anregungen und Hilfe geben, wie man als Unschuldiger zu seinem Schadenersatz kommt und als Schuldiger (und wer könnte von uns schon ausschließen, schuldig zu werden?) keine zusätzlichen Fehler zu machen.

Wir wollen Ihnen einen Überblick über die mit einem Unfall zusammenhängenden Fragen und die Schadensregulierung verschaffen – nicht mehr und nicht weniger. Wir wollen Ihnen insbesondere nicht das Gefühl vermitteln, jetzt alles über Unfallschadensregulierung, Straf- und Bußgeldverfahren zu wissen und daher auf die Einschaltung eines Rechtsanwalts verzichten zu können – im Gegenteil! Unfallschadensregulierung ist grundsätzlich Anwaltssache.

Die Verfasser

1 Einführung

Es ist selbstverständlich, daß man nach einem Unfall als erstes die Unfallstelle absichern und, wenn es Verletzte gegeben hat, sich um diese kümmern und ggf. Hilfe organisieren muß – soweit man zur Hilfeleistung selbst nicht in der Lage ist. Handelt es sich nur um einen Blechschaden, ist alles sowieso nur halb so schlimm, auch wenn das eigene Auto sich in einen formlosen Schrotthaufen verwandelt hat. Spätestens anläßlich eines Unfalls, bei dem nur Fahrzeugschaden entstanden ist, sollte man sich klarmachen, daß es sich bei einem Kraftfahrzeug um einen Gebrauchsgegenstand und nicht um einen Fetisch handelt.

Manche Unfallbeteiligte verkennen dies und machen die ganze Sache nur dadurch wirklich schlimm, daß sie sich an Ort und Stelle von Unfallbeteiligten in Unfallkontrahenten, um nicht zu sagen Unfallfeinde, verwandeln.

Schuldzuweisungen „aus dem hohlen Bauch", Vorwürfe, die mit Verbalinjurien garniert sind oder gar handgreifliche „Argumente", um dem anderen klarzumachen, daß er und nur er Schuld am Unfall trägt, sind der denkbar schlechteste Beginn einer sachlichen Schadensregulierung. Auch die Frage an den anderen, ob er schon einmal daran gedacht habe, seinen Führerschein freiwillig abzugeben, dient sicherlich nicht dazu, eine faire und sachliche Unfallschadensabwicklung einzuleiten.

Was ist statt dessen zu tun oder was soll (kann, muß) man nach einem Unfall tun oder unterlassen, bzw. worauf ist zu achten?
Folgende Fragen stellen sich nach einem Unfall besonders häufig: Soll man

- sich selbst um Spuren, Zeugen etc. kümmern?
- die Polizei hinzuziehen?
- Erklärungen gegenüber dem anderen Unfallbeteiligten abgeben?
- Aussagen bei der Polizei machen?
- sich einem Abschlepper anvertrauen, der „alles Weitere regelt"?
- sich für einen Mietwagen oder lieber für Nutzungsausfall entscheiden?
- einen Rechtsanwalt beauftragen?
- Strafantrag bei Verletzungen stellen?
- mit dem Schädiger oder gleich mit seiner Versicherung regulieren?
- die Vollkaskoversicherung in Anspruch nehmen?
- Lohnausfall geltend machen?
- die Rechtsschutzversicherung informieren?

- einen Gutachter beauftragen?
- auf Gutachtensbasis abrechnen?
- Wertminderung beanspruchen?
- Schmerzensgeld verlangen? Wieviel?
- ein Mitverschulden berücksichtigen?
- sich die Betriebsgefahr anrechnen lassen?

Was tun

- wenn im Ausland zugelassene Fahrzeuge beteiligt sind?
- wenn Bundeswehr- oder ausländische Militärfahrzeuge beteiligt sind?
- bei Unfallflucht?
- wenn Alkohol im Spiel ist?

Auf diese und andere Fragen (z.B. was ist Gefährungshaftung?) im Zusammenhang mit der Unfallschadensregulierung soll Ihnen im folgenden eine Antwort gegeben werden, die Ihnen im Falle eines Falles weiterhilft.

Im Lexikon-Teil (Abschnitt 2) sind die einzelnen Stichworte in alphabetischer Reihenfolge behandelt. Innerhalb der einzelnen Stichworte wird auf weitere Stichworte, die zu beachten sind, verwiesen (→). Anschließend in Abschnitt 3 finden Sie Muster und Tabellen u.a. abgedruckt, die im Zusammenhang mit Verkehrsunfällen wichtig sind. In Abschnitt 4 finden Sie wichtige Adressen.

Vorab geben wir Ihnen in 27 Punkten einen Kurz-Leitfaden, eine Art „Checkliste“ für das sinnvolle Vorgehen nach einem Unfall. Im Anschluß daran finden Sie ein „Muster-Unfallprotokoll“, das so oder so ähnlich nach einem Unfall von den Beteiligten gemeinsam ausgefüllt und unterzeichnet werden sollte. Beides können Sie im Bedarfsfall heraustrennen und sofort nach einem Unfall zum Eintragen der wichtigsten Fakten benützen.

Checkliste: Vorgehen nach Unfall

	Erledigt	Notizen
1. Unfallstelle sichern; ggf.: Verletzte versorgen, Hilfe veranlassen	☐	
2. Kennzeichen der Fahrzeuge (auch von wegfahrenden Zeugen!) notieren (→*Beweise*)	☐	
3. Zeugen bitten, an der Unfallstelle zu bleiben (→*Beweise*)	☐	
4. Endstände der Fahrzeuge mit Ölkreide (Verbandskasten!) markieren (→*Beweise*)	☐	
5. Danach: möglichst Fahrzeuge von der Fahrbahn entfernen	☐	
6. Ggf. Besonderheiten beachten bei der Beteiligung von →*Fußgängern/Radfahrern*	☐	
→*Ausländern*	☐	
→*Militärfahrzeugen*	☐	
7. Name, Anschrift, Telefonnummer und Standort von Zeugen notieren	☐	
8. Austausch der Daten der Unfallbeteiligten (Name, Anschriften, Telefonnummern, Versicherungen)	☐	
9. Falls Fahrer nicht Halter (Eigentümer): Haltername und -anschrift notieren	☐	
10. Unfallprotokoll anfertigen (s. nachstehendes Muster)	☐	
11. Kein →*Schuldanerkenntnis* abgeben!	☐	
12. Falls →*Polizei* erscheint bzw. hinzugezogen werden soll: →*Aussageverweigerungsrecht,* ggf. →*Zeugnisverweigerungsrecht* beachten (→*Alkohol,* →*Unfallflucht*)	☐	
13. Falls →*Alkohol* eine Rolle spielt: Hinweise bei →*Blutprobe* und →*Führerschein* beachten	☐	
14. Ggf. Abschleppen veranlassen (→*Abschleppkosten*)	☐	
15. Im Zweifel immer: →*Rechtsanwalt* beauftragen (Klärung der →*Haftung,* →*Mitverschulden;* ggf. Verteidigung im →*Bußgeld-*/→*Strafverfahren;* Schadensregulierung)	☐	
16. Schadenersatzansprüche bei gegnerischer Versicherung anmelden (→*Schadensmeldung,* →*Zentralruf der Versicherungen*)	☐	

	Erledigt	Notizen
17. Ggf.: Schadensanzeige bei eigener Haftpflichtversicherung (→*Pflichtversicherung*)	☐	______
18. Ggf.: Schadensanzeige bei eigener →*Kaskoversicherung*	☐	______
19. Ggf.: Schadensmeldung bei eigener →*Rechtsschutzversicherung*	☐	______
20. Sachverständigengutachten über Fahrzeugschaden veranlassen (→*Sachverständiger,* →*Totalschaden,* →*Restwert,* →*Wertminderung*); u.U. Kostenvoranschlag einer Fachwerkstatt ausreichend	☐	______
21. →*Mietwagen* oder →*Nutzungsausfall* abwägen	☐	______
22. u.U. →*Kostenübernahmeerklärung* für Reparaturkosten einholen	☐	______
23. Vorsicht bei →*Unfallfinanzierung!*	☐	______
24. bei Verletzungen: Entscheidung über →*Strafantrag* (→*Nebenklage*)	☐	______
25. Schadensbezifferung mit Nachweisen, ggf. unter Berücksichtigung von Betriebsgefahr (→*Haftung*) oder →*Mitverschulden*	☐	______
26. Neben Fahrzeugreparaturkosten häufige Schadenspositionen:		______
→*Abschleppkosten*	☐	______
→*Mehrwertsteuer*	☐	______
→*Mietwagenkosten*	☐	______
→*Nutzungsausfall*	☐	______
→*Pauschalen*	☐	______
→*Sachverständiger* (Kosten)	☐	______
→*Schadenfreiheitsrabatt*	☐	______
→*Schmerzensgeld*	☐	______
→*sonstiger Sachschaden*	☐	______
→*Standgeld*	☐	______
→*Totalschaden*	☐	______
→*Unfallfinanzierung*	☐	______
→*Unterhalt*	☐	______
→*Verdienstausfall*	☐	______
→*Wertminderung*	☐	______
27. Warnung vor →*Regulierungsverbot*	☐	______

Unfallprotokoll

Notizen

1. **Unfallort**
   Ort ______
   Straße ______
   außerorts: Bundesautobahn/Bundes-/Land-/Kreisstraße Nr.
   zw. km und km ______
   (oder sonstige, nähere Beschreibung)
2. **Unfallzeit:** (Datum und Uhrzeit) ______
3. **Zeugen** (Namen, Anschriften, Telefon, Standort beim Unfall)
   ______
   ______
4. **Polizei**
   Name des aufnehmenden Beamten ______
   Dienststelle (genaue Bezeichnung, Anschrift, Telefon)
   ______
5. **Angaben über Fahrzeuge, Halter, Fahrer, Versicherungen**

	Fahrzeug A	Fahrzeug B
Kennzeichen		
Fahrzeugtyp		
Halter Name		
Anschrift		
Telefon		
Fahrer Name		
Anschrift		
Telefon		
Haftpflichtversicherung		
Name		
Anschrift		
Telefon		
Versicherungsschein Nr.		

Notizen

Bei Ausländern: Grüne Karte ja/nein
Rosa Grenzversicherungsschein ja/nein
(falls ja: Doppel aushändigen lassen!)

6. **Beschädigungen** der Fahrzeuge: ______
(betroffene Teile schraffieren) ______

Fahrzeug A

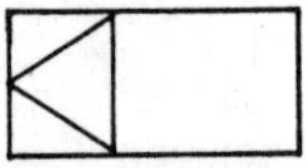

Fahrzeug B

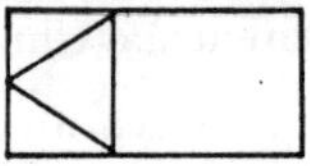

7. **Unfallskizze**
(Endstände der Fahrzeuge nach dem Unfall sowie alle wichtigen Einzelheiten wie Straßenverlauf, Fahrbahnmarkierungen, Verkehrszeichen, Brems-/Blockierspuren etc. einzeichnen)

8. **Unfallschilderung** (Kein Schuldanerkenntnis)
(Beispiel: A hält vor Ampel der Kreuzung X-/Y-Straße, die „rot" zeigt. B fährt von hinten auf stehenden A auf.

oder: A befährt die B 31 in Richtung Z. B biegt aus Feldweg in B 31 nach rechts ein. A fährt einbiegendem B in die linke vordere Fahrzeugseite).

______
______
______
______
______

______
9. Datum, Ort

______ ______
Unterschrift Fahrer A Unterschrift Fahrer B

2 Lexikonteil

Im folgenden werden alle bei einem Unfall auftretenden Fragen unter dem entsprechenden Stichwort – in alphabetischer Reihenfolge – abgehandelt. Auf weitere wichtige *Stichworte* wird im Text durch → verwiesen.

Abschleppkosten

Ist aufgrund des Unfalls ein Abschleppen des Fahrzeugs notwendig, dann sind die Kosten hierfür als Schadenersatz vom Schädiger zu übernehmen.

Hat man den Unfall selbst verschuldet, ist aber vollkaskoversichert, erstattet die Vollkaskoversicherung neben dem eigentlichen Fahrzeugschaden auch die Abschleppkosten. Über diese Punkte gibt es keine Diskussion.

Streit entsteht allerdings manchmal wegen der Höhe der Abschleppkosten. Dies ist insbesondere dann der Fall, wenn das beschädigte Fahrzeug zweimal abgeschleppt wurde, nämlich zunächst von der Unfallstelle zur Tankstelle oder Werkstatt A und von dort aus zu einem späteren Zeitpunkt zur Werkstatt B. Eine solche Situation tritt insbesondere dann oft ein, wenn der Fahrer des beschädigten Fahrzeugs ins Krankenhaus gebracht wird und währenddessen die Polizei, die ja für eine Räumung der Unfallstelle sorgen muß, einen Abschleppunternehmer beauftragt, das Fahrzeug zu bergen und irgendwo in die Nähe hinzuschleppen.

Grundsätzlich gilt folgendes: Der Geschädigte hat das Recht zu bestimmen, wohin das Fahrzeug transportiert werden soll, und wenn er erst nachträglich dazu in der Lage ist, auch unter Aufwendung weiterer Kosten für einen zweiten Abschleppvorgang. Dies bedeutet im Regelfall, daß er das Fahrzeug zu „seiner" Fachwerkstatt geschleppt haben will. Die Versicherung muß diese zusätzlichen Kosten übernehmen, auch wenn eine Fachwerkstatt des gleichen Fabrikats näher am Unfallort gelegen ist. Das gilt nach unserer Auffassung sogar dann, wenn bereits von vornherein feststeht, daß das Fahrzeug →*Totalschaden* erlitten hat. Denn: Die eigene Fachwerkstatt, die auch neue Fahrzeuge verkauft, ist im Zweifel eher bereit, für den Totalschaden bei Kauf eines Neufahrzeuges einen günstigeren → *Restwert* zu zahlen als ein x-beliebiger Aufkäufer von Fahrzeugwracks. Aber Vorsicht: Diese Auffassung ist umstritten. Man muß sich immer darüber im klaren sein, daß man als Geschädigter die Pflicht hat, den Schaden so gering wie möglich zu halten (Schadensminderungspflicht).

Besonders kritisch, weil besonders kostenträchtig, wird die Abschleppkostenfrage in Fällen, in denen ein Fahrzeug beispielsweise mehrere hundert Kilometer vom üblichen Standort entfernt beschädigt wird. Muß der Geschädigte den Wagen in einer Fachwerkstatt reparieren lassen, die er nicht kennt und die Hunderte von Kilometern von seinem Heimatort entfernt ist oder darf er das Fahrzeug vom Unfallort mit erheblichem Kostenaufwand in seine „Heimat"-Werkstatt transportieren lassen?

Es kommt immer auf den Einzelfall an. Ob ein Abtransport über weite Strekken einen Verstoß gegen die Schadensminderungspflicht darstellt, kann man nur dann zutreffend beurteilen, wenn man beim Vergleich berücksichtigt, daß bei einer Reparatur in Hamburg der in München wohnende Geschädigte ja zunächst von Hamburg ohne sein eigenes Fahrzeug nach München kommen muß. Nach Beendigung der Reparatur muß dann sein reparierter Pkw wieder von Hamburg zum eigentlichen „Standort" München gebracht oder geholt werden. Dies kostet schließlich auch Geld.

Am besten ist es in einem solchen Fall, das Problem vorab mit der gegnerischen Versicherung zu klären und sich entweder die Zustimmung zum Transport auch über weite Strecken oder die Zusage zur Erstattung der zusätzlichen Abholkosten geben zu lassen.

Tip

Wer Mitglied eines Automobilclubs ist oder einen „Schutzbrief" eines Versicherers hat, hat nach den Bedingungen meistens Anspruch auf eine teilweise oder vollständige Übernahme von Abschleppkosten nach einem Unfall. Sollte im Falle eines Falles die Realisierung von Abschleppkosten gegenüber der Versicherung des Schädigers auf wirkliche Probleme stoßen, kann man immer noch versuchen, über den Automobilclub bzw. den Schutzbrief diese Kosten hereinzuholen.

Abzüge „neu für alt"

→ *Reparaturkosten*, → *Sachschaden*

Adhäsionsverfahren

→ *Strafantrag*

Akteneinsicht

„Papier regiert die Welt“ – dieser nach Resignation riechende Spruch trifft auch auf die Unfallschadensregulierung zu. Anders ausgedrückt: Ohne die „amtlichen Ermittlungsakten“ kommt in vielen Fällen die Schadensregulierung nicht von der Stelle.

Dies gilt insbesondere immer dann, wenn der Versicherungsnehmer der in Anspruch genommenen Versicherung (also der Schuldige), glaubte man seiner Darstellung, an einem ganz anderen Unfall beteiligt war als der Geschädigte – im Klartext also: lügt und seine Verantwortung ganz oder teilweise abstreitet.

Dann ist nachvollziehbar, daß sich die Versicherung, ehe sie Zahlungen leistet, anhand objektiver Aussagen und Ermittlungen von der Berechtigung oder Nichtberechtigung der gegen sie geltend gemachten Schadenersatzansprüche überzeugen will. Dies geht letztlich nur, soweit überhaupt vorhanden, über die polizeilichen Ermittlungsakten.

Ist man für die Schadensregulierung auf den Einblick in diese polizeilichen Ermittlungsakten angewiesen, beginnt in vielen Fällen ein Geduldsspiel, das teilweise mit einem Wettlauf um diese Akten verbunden ist.

Die →*Polizei* darf grundsätzlich keine Akteneinsicht gewähren, und zwar weder einem Unfallbeteiligten noch einer Versicherung und auch nicht den eingeschalteten →*Rechtsanwälten.*

Akteneinsicht gibt es nur über die Bußgeldbehörde bzw. die Staatsanwaltschaft und – zu einem späteren Zeitpunkt – über das Gericht.
Zeitlich bedeutet dies, daß Akteneinsicht im Regelfall erst dann genommen werden kann, wenn die Ermittlungen der Polizei abgeschlossen sind und diese ihre Akten an die Bußgeldbehörde bzw. die Staatsanwaltschaft weitergegeben hat. Je nach Umfang und Schwierigkeit der Ermittlungen, Urlaubs- bzw. Krankheitssituation bei der jeweiligen Polizeidienststelle und Schnelligkeit des Aktentransports zwischen Polizei und Staatsanwaltschaft/Bußgeldbehörde, gehen so leicht mehrere Wochen ins Land, bis einer der Beteiligten überhaupt erstmals einen Blick in die Unfallakten werfen kann. Unbefriedigend, aber kaum zu ändern.

Viele Versicherungen, denen selbst auch an einer schnellen Regulierung der berechtigten Ansprüche des Unfallgeschädigten gelegen ist, beauftragen den „gegnerischen“ Anwalt, also den Anwalt des Geschädigten, ihnen einen Auszug aus den Ermittlungsakten zu beschaffen.

Wundern Sie sich also im Schadensfalle nicht, wenn Sie merken, daß „Ihr“ Anwalt gleichzeitig Aktenauszüge aus den Polizeiakten für die gegnerische Versicherung fertigt und dieser dafür auch noch eine Rechnung stellt. Dieses Vorgehen liegt letztlich in Ihrem eigenen Interesse als Geschädigter. Es hat mit Parteiverrat nichts zu tun und gibt insbesondere keinen Anlaß zu der Befürchtung, „Ihr“ Anwalt arbeite in Wirklichkeit für die Gegenseite.

Alkohol

Bei reinen, nicht sehr großen Blechschäden ist es nicht unbedingt empfehlenswert, die →*Polizei* hinzuzuziehen, wenn **geringe** Mengen Alkohol, insbesondere bei Ihnen selbst, im Spiel sind.

Um nicht mißverstanden zu werden: Steigt Ihr Unfallgegner nicht wegen einer Verletzung, sondern wegen Alkoholeinflusses lallend und schwankend aus seinem Fahrzeug aus, müssen Sie die Polizei holen.

Haben Sie selbst aber z.B. etwas getrunken, das Sie mengenmäßig noch lange nicht an die immer wieder mißverstandenen „Alkoholgrenzen“ von 0,8 ‰ (**relative Fahruntüchtigkeit**), geschweige denn 1,3 ‰ (**absolute Fahruntüchtigkeit**) bringt, sollten Sie sich genau überlegen, was Sie tun wollen. Auch bei Streit über die Schuldfrage am Zustandekommen des Blechschadens prüfen Sie genau, ob Sie an Ort und Stelle eine für die Schadensregulierung sowieso unverbindliche Entscheidung über die Schuldfrage durch die Polizei tatsächlich haben wollen. Denn: Rufen Sie die Polizei und stellt diese bei einem der Unfallbeteiligten auch nur eine Andeutung einer „Fahne“ (das kann schon nach einem Bier der Fall sein!) fest, sind Sie im Regelfall unweigerlich mit einer →*Blutprobe* fällig. Ist es erst einmal so weit gekommen, müssen Sie damit rechnen, daß jeder Fahrfehler, der auch einem Nüchternen durchaus passiert (angefangen von der Vorfahrtsverletzung bis zum falschen Linksabbiegen) auf die festgestellte alkoholische Beeinflussung zurückgeführt wird – und sei diese auch noch so weit von der 0,8 ‰-Grenze entfernt.

Was viele nicht wissen: Ab Blutalkoholwerten von 0,3 ‰ an wird ein Zusammenhang zwischen alkoholischer Beeinflussung und dem Fahrverhalten, erst recht beim Zustandekommen eines Unfalles angenommen. Der Gegenbeweis, daß eine Beeinflussung durch Alkohol beim Zustandekommen eines Unfalles nicht vorgelegen hat, ist selbst im Bereich zwischen 0,3 ‰ und 0,8 ‰ praktisch nicht zu führen.

Ergebnis: Wegen einer 500,– DM teuren Delle, die Ihr alkoholfreier Gegner an Ihrem Auto verursacht hat, können Sie zwischen acht und zehn Monaten zu Fuß gehen (→*Führerschein*) und eine Geldstrafe (→*Strafverfahren*) in Höhe von ca. dem 1 ½-fachen Ihres monatlichen Nettoeinkommens bezahlen – abgesehen davon, daß Sie dann wegen fahrlässiger Straßenverkehrsgefährdung vorbestraft sind.

Tip

Also Vorsicht, denn Rechthaberei kann als alkoholbedingte Ausfallerscheinung gewertet werden ...

(Einige Zusatzinformationen zum Stichwort Alkohol finden Sie im Abschnitt 3.1., Seite 100).

Anklage

→ *Strafverfahren*

„Antragsdelikt"

→ *Strafantrag*

Ausländer

Ist ein Ausländer in einen Unfall verwickelt, so muß folgendermaßen unterschieden werden:

Ist der Ausländer mit einem im Inland zugelassenen Fahrzeug unterwegs (deutsches Kennzeichen), folgt eine ganz normale Schadensregulierung wie in allen anderen Fällen auch.

Ist am Unfall jedoch ein im Ausland zugelassenes Fahrzeug beteiligt (gleichgültig, ob dieses von einem In- oder Ausländer gefahren wurde), sieht die Sache anders aus.

Dennoch: Auch solche Unfälle können in den meisten Fällen problemlos abgewickelt werden; man muß nur wissen, wie das System funktioniert.

Tip

Bei Unfällen mit Fahrzeugen mit Auslandskennzeichen sollte man immer die →*Polizei* hinzuziehen, um mit deren Hilfe bereits am Unfallort nach Möglichkeit die Versicherung des ausländischen Fahrzeugs feststellen zu können. Sie sollten darauf bestehen, daß Ihnen vom ausländischen Unfallbeteiligten, soweit vorhanden und mitgeführt, die „Grüne Karte" vorgelegt bzw. das Doppel ausgehändigt wird. Dies erleichtert die weitere Schadensregulierung.

Auch bei Fahrzeugen aus mehr oder weniger exotischen Ländern brauchen Sie (theoretisch) keine Sorge um den Versicherungsschutz zu haben. Derartige Fahrzeuge werden bei der Einreise in den Bereich der Europäischen Gemeinschaft auf das Bestehen eines hinreichenden Versicherungsschutzes überprüft. Ggf. muß für diese Fahrzeuge ein zusätzlicher „Rosa Grenzversicherungsschein“ erworben werden, der in Verbindung mit einer „Grünen Karte“ ausgestellt wird.

Nach dem Unfall müssen Sie (oder Ihr →*Rechtsanwalt*) sich umgehend an den

HUK-Verband
Glockengießerwall 1
2000 Hamburg 1

mit einer schriftlichen Schadensmeldung wenden.

Achtung: HUK-Verband ist die Abkürzung für den „Verband der Haftpflichtversicherer, Unfallversicherer, Autoversicherer und Rechtsschutzversicherer“. Mit der namensähnlichen Versicherung in Coburg hat der HUK-Verband **nichts** zu tun!

Der HUK-Verband benötigt Angaben über Sie als Anspruchsteller sowie das Kennzeichen und die Versicherung Ihres eigenen Fahrzeugs und Name, Anschrift, Kennzeichen sowie Versicherung des ausländischen Unfallbeteiligten. Selbstverständlich gehört zur Schadensmeldung auch Ort und Datum des Unfalls.

Ein Muster für eine solche Schadensmeldung (Rechtsanwalts-Version) finden Sie in Abschnitt 3.15, Seite 117.

Über den HUK-Verband wird ein deutsches Versicherungsunternehmen beauftragt, den Schaden für die ausländische Versicherung mit Ihnen zu regulieren. Die Abwicklung kann dann wie bei jedem Unfall mit einem inländischen Fahrzeug erfolgen.

Kommt es nicht zu einer außergerichtlichen Regulierung, kann der HUK-Verband (**nicht** das mit der Regulierung beauftragte deutsche Versicherungsunternehmen) verklagt werden. Sie brauchen sich also keinesfalls mit dem ausländischen Versicherer auseinanderzusetzen, erst recht nicht diesen zu verklagen.

Der HUK-Verband ist im übrigen auch zuständig für die Regulierung von Unfällen, die mit in der DDR zugelassenen Fahrzeugen verursacht werden.

Bei ausländischen →*Militärfahrzeugen* sieht die Sache wieder anders aus. Hierzu verweisen wir auf das Stichwort „Militärfahrzeuge“.

Weitere Besonderheiten ergeben sich bei den Privatfahrzeugen der Angehörigen der ausländischen Streitkräfte. In Abschnitt 4.3, Seite 126f., finden Sie die Zulassungsstellen für diese Fahrzeuge aufgelistet. Dort können Sie die zuständige Haftpflichtversicherung in Erfahrung bringen.

Aussageverweigerungsrecht

„GutenTag, ich bin Polizei-/Ober-/Hauptwachtmeister XYund muß Sie belehren, daß Sie keinerlei Angaben zur Sache machen müssen."

So müßte – eigentlich – der erste Satz lauten, den die zu einem Unfall herbeigerufenen Polizisten von sich geben, sobald Verletzte versorgt, Sicherungsmaßnahmen an der Unfallstelle ergriffen sind usw., sobald es also um die Aufklärung des Unfallherganges geht.

Lächerlich, meinen Sie? Ja und nein.

Es steht nun einmal fest, daß das Gesetz jedem das ausdrückliche Recht einräumt, sich nicht selbst im Hinblick auf eine Straftat oder Verkehrsordnungswidrigkeit belasten zu müssen. Wer schweigen will, der kann das tun, ohne daß aus dem Schweigen nachteilige Schlüsse gezogen werden dürfen. Selbstverständlich ist aber auch, daß am Unfallort von den Beteiligten den freundlichen Polizisten arglos erzählt wird, wie es denn zum Unfall kam, wobei selbstverständlich in den jeweiligen Schilderungen meistens nur der andere Schuld hat.

Die Polizei hört sich all das an und stellt – ganz „Freund und Helfer" – dann noch diese oder jene Frage, um den Hergang weiter aufzuklären.

Erst wenn dann einigermaßen klar ist (jedenfalls für die Polizisten), wem von beiden oder daß beiden Unfallkontrahenten der Vorwurf einer Verkehrsstraftat gemacht werden kann, wird es „förmlich".

Dann erst eröffnet die Polizei dem oder den Unfallbeteiligten, daß sie ein entsprechender Vorwurf trifft, sie jedoch nicht verpflichtet sind, Angaben zur Sache zu machen und das Recht haben, zuerst einen Anwalt zu konsultieren.

Für die Belehrungen werden Formulare verwendet. In Abschnitt 3, Seite 101f., werden als Beispiele Formulare für die „Beschuldigtenvernehmung" und die „Belehrung bei Ordnungswidrigkeiten" abgedruckt.

Mancher Unfallbeteiligte macht nach der Belehrung von seinem Aussageverweigerungsrecht Gebrauch – und ist später reichlich erstaunt, daß doch alles, was er **vor** der Belehrung von sich gegeben hat, in den Ermittlungsakten enthalten ist. Immer wieder taucht nämlich im Polizeibericht die schöne Formulierung auf: „Informatorisch befragt, gab der Beschuldigte an, ...".

Und wenn Sie als „der Beschuldigte" im weiteren Verlauf des Verfahrens darauf hinweisen bzw. hinweisen lassen, Sie hätten doch von Ihrem Aussageverweigerungsrecht Gebrauch gemacht, nützt dies wenig. Falls Sie weiter schweigen oder aber etwas anderes sagen, als Sie „informatorisch" gegenüber dem Polizeibeamten geäußert haben, hat kein Richter Hemmungen, zulässigerweise den Polizeibeamten als Zeugen gegen Sie auftreten zu lassen. Auf diese Art wird dann, formal einwandfrei, das, was Sie eigentlich gar nicht aussagen wollten, doch in das →*Bußgeld- bzw. Strafverfahren* eingeführt und auch gegen Sie verwendet.

Tip

Wenn Sie in einen Unfall verwickelt sind, der polizeilich aufgenommen wird, und nicht absolut sicher sein können, daß Sie keinerlei Vorwurf treffen **kann,** sollten Sie nach dem alten Sprichwort „Reden ist Silber, Schweigen ist Gold“ handeln. Eine wohlüberlegte schriftliche Stellungnahme, entweder von Ihnen selbst oder über einen Anwalt abgegeben, ist, mit einem zeitlichen Abstand zum eigentlichen Unfall, immer besser als die Angaben, die kurz nach dem Unfall von Ihnen gemacht werden.

Wenn Sie sich dazu entschließen, bei der Polizei Angaben zu machen, sollten Sie Wert darauf legen, daß **Ihre** Aussagen vom Polizeibeamten zu Protokoll genommen werden und nicht das, was der Polizeibeamte (ohne hierbei bösen Willen zu unterstellen) aus Ihrer Aussage „macht“. „Formulierungshilfen“ des Polizeibeamten sind nicht unbedingt in Ihrem Sinne bzw. können zu Mißverständnissen oder falschen Interpretationen Anlaß geben.

Vor allem: Seien Sie zurückhaltend bei Entfernungs- und Geschwindigkeitsangaben. Diese sollten Sie immer mit einem Vorbehalt versehen und sich darüber im klaren sein, daß Entfernungs-, insbesondere aber Geschwindigkeitsangaben, kaum jemals so exakt zutreffend sind, wie es sich dann später im Polizeiprotokoll liest.

Ihre Aussage bei der Polizei müssen Sie unterschreiben. Seien Sie sich auch bei dieser Gelegenheit bewußt, was Ihre Unterschrift nicht nur beispielsweise auf Schecks oder Verträgen, sondern auch in einem solchen Protokoll „wert“ ist.

Kommt es später zu einer Verhandlung und Sie machen abweichende Angaben vom polizeilichen Vernehmungsprotokoll, wird Sie unweigerlich der Vorhalt treffen, Sie hätten Ihre Angaben bei der Polizei ja schließlich unterschrieben.

Selbstverständlich haben Sie nicht nur das Recht, als Beschuldigter gegenüber der Polizei die Aussage zu verweigern, sondern auch gegenüber der Staatsanwaltschaft und dem Gericht.

Werden Sie nur als Zeuge vernommen, sieht dies schon wieder anders aus. Mehr dazu unter dem Stichwort →*Zeugnisverweigerungsrecht.*

Ein Letztes zum Thema „Polizei“: Werden Sie zur polizeilichen Vernehmung bestellt, dann sind Sie **nicht** zum Erscheinen verpflichtet. Sie können, auch wenn Sie zunächst zugesagt haben, bei der Polizei eine Aussage zu machen, sich das jederzeit noch anders überlegen.

Beipolierungskosten

→ *Wertminderung*

Beschlußverfahren

→ *Bußgeldverfahren*

Betriebsgefahr

→ *Haftung*

Beweise

Es hat gekracht, die Verletzten sind versorgt bzw. es hat erfreulicherweise keine gegeben, die Unfallstelle ist abgesichert und das Blech hat Falten: Zu diesem Zeitpunkt werden bereits die ersten Fehler von den Unfallbeteiligten im Hinblick auf die spätere Schadensregulierung gemacht!

Statt sich, nachdem man in jedem Fall das Kennzeichen des Unfallgegners auswendig gelernt oder notfalls auf die Handfläche geschrieben hat (so mancher hat sich schon davongemacht), spätestens jetzt um Beweise zu kümmern, beginnen viele Unfallbeteiligte mit einem im Zweifel überflüssigen Palaver über die Schuldfrage oder dem Austausch von Namen, Anschriften, Versicherungsschein-Nummern usw. Wenn diese Dinge, die auch später noch Zeit haben, dann erledigt sind, ist sicher auch der letzte Zeuge verschwunden.

Tip

Zeugen sind zwar keineswegs die besten Beweismittel, nur allzuoft kommt man jedoch ohne sie nicht aus. Nur: Um die Feststellung der Namen und Anschrift der Zeugen müssen **Sie** sich möglichst umgehend kümmern. Was nützt es Ihnen später, wenn es zwar Zeugen gegeben hat, diese aber verschwunden sind, ohne daß man deren Namen und Anschriften festgehalten hätte.

Auch die „besseren“ Beweise, wie Spuren, Endstände der Fahrzeuge usw. haben Zeit.

Am besten ist es, sich sofort die Kennzeichen der Fahrzeuge zu notieren, die unmittelbar nach dem Unfall als erste im Stau stehen oder sich um die verbeulten Fahrzeuge vorbeischlängeln. Denn die Fahrer dieser Fahrzeuge haben am ehesten, von Fußgängern einmal abgesehen, den eigentlichen Unfallhergang beobachtet.

Tip

Auch hier gilt: Kennzeichen notfalls mit Kugelschreiber auf die Handfläche oder mit Lippenstift auf die Windschutzscheibe notieren.

Die Zeugen, die an Ort und Stelle ansprechbar sind, sollten Sie höflich, aber bestimmt um Name und Anschrift, am besten auch Telefonnummer bitten. Kein Zeuge ist verpflichtet, Ihnen diese Auskünfte zu geben. Wenn sich aber ein Zeuge weigert, hilft manchmal der Hinweis, daß derjenige selbst durchaus auch in eine Situation kommen kann, in der er einen anderen als Zeugen benötigt.

Viel weniger interessant sind die sogen. „Knallzeugen“, wie sie einmal von einem Gericht bezeichnet wurden. Das sind die Zeugen, die erst, nachdem es „geknallt“ hat, ihre Aufmerksamkeit dem Geschehen widmen. Auch diese Zeugen können aber später durchaus etwas über den Unfallendstand der Fahrzeuge, Veränderungen an diesem Endstand, nachträgliches Abschalten des Blinkers o.ä. aussagen.

In diesem Zusammenhang ist anzumerken, daß selbstverständlich auch Insassen des eigenen oder des gegnerischen Fahrzeugs Zeugen sind.

Entgegen einem weit verbreiteten Irrtum (dem sogar manche Gerichte anheimfielen) trifft dies nicht nur auf Fahrzeuginsassen, sondern auch auf Ehefrauen/-männer oder sonstige Verwandte und auf Kinder zu. Ehegatten und Verwandte haben zwar ein →*Zeugnisverweigerungs**recht,*** sie sind aber keineswegs an einer wahrheitsgemäßen Aussage gehindert.

Ein Zeuge ist, wie schon gesagt, nicht das beste aller denkbaren Beweismittel. Viele Zeugen machen den Fehler, Schlußfolgerungen aus tatsächlich Wahrgenommenem zu ziehen und diese Schlußfolgerungen als selbst Erlebtes zu Protokoll zu geben – obwohl durchaus auch andere Schlußfolgerungen möglich gewesen wären. Entfernungs- und Geschwindigkeitsschätzungen sind kaum jemals halbwegs zuverlässig. Manche Zeugen ergreifen auch von vorneherein noch an der Unfallstelle Partei für den einen oder anderen und lassen sich bei dieser Parteinahme von manchmal durchaus unzutreffenden rechtlichen Beurteilungen des Verkehrsvorgangs leiten.

Vor allem: Zeugen sind auch nur Menschen und unterliegen damit Irrtümern, Fehleinschätzungen usw. „Besser“ sind daher „stumme Zeugen“ in Form von objektiven Spuren.

Um die Sicherung derartiger objektiver Beweise müssen **Sie** sich unbedingt kümmern, jedenfalls dann, wenn die →*Polizei* zum Unfall nicht hinzugezogen wird oder bei relativ geringen Schäden keine Unfallaufnahme durchführt.

Eines der wichtigsten Hilfsmittel, um später notfalls mit Hilfe eines →*Sachverständigen* eine Unfallrekonstruktion vornehmen zu können, ist der Endstand der unfallbeteiligten Fahrzeuge nach dem Unfall.

Ebenso wichtig ist es, vorhandene Brems- bzw. Bremsblockierspuren und eventuelle Kratzspuren auf dem Straßenbelag kenntlich zu machen. Bei Blokkierspuren findet man immer wieder mitten im Verlauf der Spur einen sogen. „Knick". Dieser hat seine besondere Bedeutung, weil nämlich an dieser Stelle der Kollisionspunkt der Fahrzeuge liegt. Geht es um die genaue Stelle des Zusammenstoßes und ist keine Bremsblockierspur vorhanden, kann ein Dreckhaufen auf der Straße Aufschlüsse über den Kollisionspunkt geben: Beim Zusammenstoß von Fahrzeugen löst sich nämlich der unter den Kotflügeln angesammelte Schmutz aufgrund des Zusammenpralls. Er fällt auf die Fahrbahn und markiert so in ungefähr die Zusammenstoßstelle.

Ebenfalls aufschlußreich sind Splitterfelder von Windschutzscheiben oder Beleuchtungseinrichtungen.

Tip

All diese Spuren sind mehr oder weniger leicht vergänglich, sie müssen daher von Ihnen sichtbar festgehalten werden. Hierzu ist am besten Ölkreide geeignet, die sich übrigens in jedem Verbandskasten, der vorgeschriebenermaßen in einem Fahrzeug mitgeführt werden muß, befindet. Markieren Sie die entsprechenden Stellen und Spurverläufe!

Falls ein Fotoapparat zur Hand ist, sollten unbedingt sofort Fotos gemacht werden, und zwar aus allen möglichen Blickrichtungen. Sie sollten hierbei zusehen, daß auf möglichst vielen Fotos jeweils ein Bezugspunkt (z.B. ein bestimmtes Verkehrsschild, eine bestimmte Toreinfahrt o.ä.) zu sehen ist, damit man die Fotografien später ggf. in einen räumlichen Zusammenhang bringen kann.

Tip

Die Beschädigungen an den beteiligten Fahrzeugen können besonders aufschlußreich sein. Hier ist es vor allen Dingen wichtig, daß Sie das Fahrzeug Ihres Unfallkontrahenten fotografieren, Ihr eigenes Fahrzeug wird später im Zweifel vom →*Sachverständigen* sowieso fotografiert.

Die Fotos der Unfallspuren können, wenn die Spuren mit Ölkreide markiert worden sind, notfalls auch noch am nächsten oder dem darauffolgenden Tag gemacht werden.

Tip

In jedem Falle sollten Sie aber an Ort und Stelle eine Unfallskizze mit Einzeichnung der Maßangaben und Einzeichnung der festgestellten Unfallspuren sowie der Fahrzeugstände anfertigen. Im Idealfall findet sich ein hilfsbereiter Zeuge, der bereit ist, bei der Fertigung der Skizze behilflich zu sein und später die Richtigkeit der aufgenommenen Maße etc. zu bestätigen bzw. die Skizze zu unterschreiben.

Falls Sie keine Fotos des Fahrzeugs des anderen Unfallbeteiligten machen können, besteht später in vielen Fällen immer noch die Möglichkeit, an derartige Fotos heranzukommen: Gerade wenn es Streit um die Schadensregulierung gibt, wird auch Ihr Unfallkontrahent mit Hilfe eines Sachverständigengutachtens seinen Schaden bei Ihrer eigenen Haftpflichtversicherung geltend machen. Zu einem Schadensgutachten gehören aber Fotos des beschädigten Fahrzeugs, so daß Sie über den Umweg Ihrer eigenen Haftpflichtversicherung doch noch in den Besitz der Fotos des beschädigten gegnerischen Fahrzeugs kommen können.

Tip

Verfügt nicht wenigstens einer der Unfallbeteiligten über Ölkreide, dann sollten Sie versuchen, sich mit anderen Mitteln zu behelfen. Mit herumliegenden Steinen, notfalls auch mit Lehmbrocken, kann durchaus eine notdürftige Markierung der Spuren auf die Fahrbahn gekratzt bzw. geschmiert werden.

Dies alles gilt, wie bereits gesagt, insbesondere dann, wenn die Polizei entweder nicht zur Unfallaufnahme hinzugezogen wird oder aber keine Unfallaufnahme durchführt, weil es sich um einen sog. Bagatellunfall (nach Polizeischätzung bis DM 3.000,– Schaden) handelt. Führt die Polizei eine Unfallaufnahme durch, ist es Ihnen im übrigen unbenommen, die Beamten auf Besonderheiten hinzuweisen, die Ihnen wichtig erscheinen. Das kann die leichte „Fahne" des anderen sein bis hin zu Zweifeln daran, ob eine Bremsspur tatsächlich Ihrem bzw. dem gegnerischen Fahrzeug eindeutig zugeordnet werden kann.

Zum Stichwort „Beweise" sollten Sie sich einen abgegriffenen, aber dennoch nach wie vor gültigen Spruch merken:

Recht haben und Recht bekommen sind zwei völlig verschiedene Dinge, es reicht nicht, Recht zu haben, man muß es auch beweisen können!

Blutprobe

Ergeben sich bei einer Unfallaufnahme durch die →*Polizei* Anhaltspunkte dafür, daß einer der Unfallbeteiligten unter dem Einfluß von →*Alkohol* steht, wird die Polizei denjenigen auffordern, je nach Ausstattungsgrad der betreffenden Polizeidienststelle, entweder „ins Röhrchen zu pusten" oder sich einem „Alcomat"-Test zu unterziehen. Das Alcomat-Gerät arbeitet wesentlich zuverlässiger als die „Puste-Röhrchen". Beim Alcomat-Test wird eine Alkoholkonzentration direkt in Zahlen angezeigt, wohingegen bei den „Alco-Test-Röhrchen" aus der unterschiedlichen Verfärbung Rückschlüsse auf den Alkoholgehalt der Testperson gezogen werden müssen.

Es ist wichtig zu wissen, daß Sie im Falle eines Falles weder zum „Pusten" noch zum „Alcomat-Test" gezwungen werden können. Aber: Die Weigerung, bei einem dieser „Vor-Tests" mitzumachen, nützt Ihnen wenig. Der eigentlichen Blutprobe, sprich: der Blutentnahme durch einen Arzt, können Sie sich **nicht** entziehen. Eine solche Blutentnahme darf sogar zwangsweise unter Anwendung von körperlicher Gewalt durchgesetzt werden. Die ärztliche Blutentnahme zur Bestimmung des Blutalkoholwertes, gemeinhin Blutprobe genannt, ist im übrigen das einzig zulässige Beweismittel, das in einem späteren Gerichtsverfahren anerkannt wird. Eine Verurteilung kann aber weder auf einen Alcomat-Test noch auf ein Puste-Ergebnis gestützt werden.

Zur Blutentnahme werden Sie im Regelfall auf ein Polizeirevier oder in ein Krankenhaus gebracht.

Dort wird zunächst von seiten der Polizei in einem Formular (nochmals) darauf hingewiesen, was Anlaß der Untersuchung ist und welche Straftat bzw. Ordnungswidrigkeit Ihnen vorgeworfen wird. Anschließend müssen Sie über Ihr →*Aussageverweigerungsrecht* belehrt werden.

Dann werden Sie befragt, wann Sie zuletzt wo und wieviel Alkohol und Nahrung zu sich genommen haben und ob Sie nach dem Vorfall, der Anlaß für die Blutentnahme ist, noch etwas getrunken haben (Nachtrunk).

Auf all diese Fragen brauchen Sie **nicht** zu antworten. Ihr Schweigen ist durch Ihr →*Aussageverweigerungsrecht* gedeckt.

Der mit der Blutentnahme beauftragte Arzt fertigt im übrigen anläßlich der Blutentnahme zusätzlich einen „Ärztlichen Bericht" an. Er befragt Sie nach eingenommenen Medikamenten, bestehenden Verletzungen etc. und verlangt im übrigen eine Schriftprobe von Ihnen.

Wichtigster Bestandteil dieses „Ärztlichen Berichts" ist der Untersuchungsbefund. Man läßt Sie geradeaus gehen, stellt den Drehnystagmus (Augenzukken) fest, nachdem man Sie mehrmals um die eigene Achse gedreht hat, läßt Sie die Nasen-Finger-Probe und anderes machen und beurteilt Ihr Verhalten, Ihre Stimmung usw.

Danach hält der Arzt in dem Untersuchungsbefund seinen „Gesamteindruck" über die bei Ihnen durchgeführte Untersuchung fest.

Im Tabellenteil, Abschnitt 3.4 und 3.5, Seite 103f., finden Sie einen „Polizeibericht" und einen „Ärztlichen Bericht" abgedruckt, damit Sie sich eine Vorstellung davon machen können, was anläßlich einer Blutentnahme alles gefragt und an Untersuchungen durchgeführt wird.

Tip

Wichtig: Auch bei der Erhebung der ärztlichen Befunde, insbesondere bei den über die eigentliche Blutentnahme hinausgehenden ärztlichen Untersuchungen kann Ihre Mitwirkung **nicht** verlangt werden! Sie sind **nur** dazu verpflichtet, sich das Blut entnehmen zu lassen, zu mehr aber auch nicht.

Die Untersuchungen, die der Arzt dann anschließend in seinem „Gesamteindruck" zusammenfaßt (wie Gangunsicherheit, redseliges Verhalten u.ä.) sind nicht unumstritten. Der Gesamteindruck des Arztes ist letzten Endes nur eine rein subjektive Beurteilung Ihrer Person und Ihres Verhaltens.

Man sollte sich genau überlegen, ob man bei diesen Untersuchungen überhaupt mitwirkt oder ob es nicht vorzuziehen ist, nur die Blutentnahme als solche über sich ergehen zu lassen ...

Bußgeldbescheid

→ *Bußgeldverfahren*

Bußgeldverfahren

Solche Verfahren, genauer gesagt, Ordnungswidrigkeiten-Verfahren wegen Verstoßes gegen z.B. Vorschriften der Straßenverkehrs- oder Straßenverkehrszulassungsordnung sind, wenn es nicht mit einer →*Verwarnung* der →*Polizei* an Ort und Stelle „abgeht", regelmäßig die Folgen von polizeilich aufgenommenen Verkehrsunfällen. Sie richten sich gegen einen oder auch mehrere Unfallbeteiligte, wenn nicht z.B. wegen fahrlässiger Körperverletzung sogar ein →*Strafverfahren* eingeleitet wird.

Im Ordnungswidrigkeiten-Verfahren flattert dem oder den „Betroffenen" (so der im Gesetz verwandte Ausdruck) einige Zeit nach dem Unfall, regelmäßig innerhalb von drei Monaten (denn sonst wäre die Sache verjährt), ein Bußgeldbescheid ins Haus. Manchmal kommt aber auch nur ein Benachrichtigungszettel über die „Niederlegung eines Schriftstücks“. Denn die Bußgeldbehörde läuft keinem Betroffenen hinterher, um den Bußgeldbescheid diesem oder einem Familienangehörigen in jedem Falle im wörtlichen Sinne „in die Hand zu drücken“.

Dies kann sich als Fallstrick für den Betroffenen erweisen, denn: Gegen den Bußgeldbescheid ist nur innerhalb einer Frist von zwei Wochen nach der Zustellung Einspruch möglich. Die Zustellung gilt aber nicht erst dann als bewirkt, wenn der Betroffene sich irgendwann einmal zum Postamt bemüht und den Bußgeldbescheid abholt, sondern bereits dann, wenn der Benachrichtigungszettel im Briefkasten lag! Ab der Benachrichtigung läuft also bereits die Einspruchsfrist.

Die immer wieder bemühte Behauptung, einen solchen Benachrichtigungszettel nicht erhalten zu haben, bringt nichts. Der zustellende Postbote bestätigt (schriftlich) immer das Gegenteil.

Tip

So ungern die Bußgeldbehörden und die Gerichte einen solchen Ratschlag auch hören bzw. lesen mögen: Ist die Sache nicht wirklich von vornherein völlig eindeutig und klar, im Zweifel immer Einspruch gegen einen Bußgeldbescheid einlegen!

Sie erreichen dadurch in jedem Falle einen sogen. Verfahrensstopp. Sie gewinnen also Zeit für die parallel und unabhängig vom Bußgeldverfahren laufende Schadensregulierung. Zwar hat ein rechtskräftig gewordener Bußgeldbescheid strenggenommen keinen Einfluß auf die zivilrechtliche Schadensersatzverpflichtung, er spielt aber in der Praxis trotzdem immer wieder eine nicht unbedeutende Rolle.

Auch in diesem Zusammenhang wieder der dringende Rat: Spätestens nach Erhalt eines Bußgeldbescheides sollten Sie einen →*Rechtsanwalt* konsultieren, der sich die Bußgeldakten besorgt. Er wird dann mit Ihnen besprechen, ob es sinnvoller ist, das Bußgeldverfahren tatsächlich durchzuführen oder zu einem späteren Zeitpunkt den Einspruch gegen den Bußgeldbescheid zurückzunehmen. Dies ist jederzeit noch bis zum Beginn der Hauptverhandlung vor dem Amtsgericht möglich. Bis eine solche Verhandlung stattfindet, vergehen mehrere Wochen, wenn nicht gar Monate. Bis dahin ist die Schadensregulierung erfahrungsgemäß bereits wesentlich weiter gekommen, wenn nicht gar abgeschlossen.

Nachdem die Bußgeldbehörde aufgrund des Einspruches das Verfahren über die Staatsanwaltschaft (die in Bußgeldverfahren nur eine bessere „Postdurchgangsstelle“ ist) an das zuständige Amtsgericht abgegeben hat, kann Ihr Anwalt anhand der Akten nochmals überprüfen, ob vielleicht in der Zwischenzeit Verjährung eingetreten ist (was ab und zu aufgrund der immer wieder beklagten Überlastung der Bußgeldbehörden und Gerichte durchaus vorkommt) und, falls nein, kurz vor der Hauptverhandlung dann ggf. sang- und klang- und begründungslos den Einspruch zurücknehmen.

In vielen Fällen wird das Bußgeldverfahren aber „durchgezogen", d.h. über den Bußgeldbescheid wird in einer Hauptverhandlung vor dem Amtsgericht verhandelt (ähnlich wie in einem „normalen" →*Strafverfahren,* wenn auch neuerdings mit erheblichen Einschränkungen der Rechte des Betroffenen).

Häufiges Ziel einer solchen Hauptverhandlung ist es, die verhängte Geldbuße unter die „Schallgrenze" von DM 80.– zu drücken und damit einen Punkteeintrag in der „Flensburger Verkehrssünderkartei" (→*Führerschein*) zu vermeiden oder aber die Einstellung des Verfahrens wegen Geringfügigkeit zu erreichen.

Sie sollten aber wissen, ehe Sie sich endgültig zur Durchführung einer Hauptverhandlung in einem Bußgeldverfahren entschließen, daß zum einen der Bußgeldrichter **nicht** an die im Bußgeldbescheid festgesetzte Geldbuße gebunden ist, also auch durchaus noch etwas im Urteil „drauflegen" kann, zum anderen eine Verteidigung in einer Bußgeldsache vom Anwalt ähnlich abgerechnet wird wie eine normale Strafverteidigung. Das bedeutet, daß Sie auch dann, wenn die Geldbuße z.B. reduziert oder das Verfahren eingestellt wird, eine Anwaltskostenrechnung über mehrere hundert DM erhalten – auch, wenn es „nur" um ein Bußgeld von DM 80,– oder DM 100,– ging. Diese wirtschaftlichen Überlegungen müssen Sie allerdings nur dann anstellen, wenn Sie nicht rechtsschutzversichert (→*Rechtsschutzversicherung*) sind.

Der Bußgeldrichter ist im Regelfall gleichzeitig erste und letzte gerichtliche Instanz. Zwar gibt es gegen die Bußgeldurteile ein weiteres Rechtsmittel, die sog. Rechtsbeschwerde zum Oberlandesgericht. Diese ist aber nur in so wenigen Fällen mit Aussicht auf Erfolg verbunden, daß sie hier nicht näher erläutert wird – zumal eine Rechtsbeschwerde nur durch einen Rechtsanwalt eingelegt werden **kann.**

Der Vollständigkeit halber sei noch darauf hingewiesen, daß es auch beim Amtsgericht in Bußgeldsachen eine Art schriftliches Verfahren gibt, das sog. Beschlußverfahren. Ein solches Verfahren ist nur zulässig, wenn Betroffener und Staatsanwaltschaft damit einverstanden sind (letztere ist praktisch immer einverstanden und nimmt auch an einer Hauptverhandlung sowieso grundsätzlich nicht teil). Dann entscheidet der Richter im stillen Kämmerlein nur anhand der Ermittlungsakten. Von Gesetzes wegen darf im Beschlußverfahren die Geldbuße nicht erhöht werden – was aber manche Richter dennoch nicht daran hindert, insoweit ausdrücklich gegen das Gesetz zu verstoßen.

Kurz gesagt: Vom Beschlußverfahren ist im Regelfalle abzuraten.

Direktanspruch

→ *Pflichtversicherung*

Eigenreparatur

→ *Mehrwertsteuer*
→ *Nutzungsausfall*

Einspruch

→ *Bußgeldverfahren*
→ *Strafverfahren*

Einstellung

→ *Strafverfahren*

Entfernen (unerlaubtes) vom Unfallort

→ *Unfallflucht*

Entziehung der Fahrerlaubnis

→ *Führerschein*

Ermittlungsakten

→ *Akteneinsicht*

Fahrerflucht

→ *Unfallflucht*

Fahrlässigkeit

→ *Haftung*
→ *Kaskoversicherung*
→ *Rechtsschutzversicherung*

Fahrverbot

→ *Führerschein*

Führerschein

Den Führerschein „zu verlieren" – das ist wohl einer der Alpträume fast jedes Autofahrers. Ein Alptraum, der für rund 220.000 (!) Menschen jährlich zur Realität wird, und zwar für Zeiträume zwischen wenigen Tagen und auf Lebenszeit.

Der Führerschein ist selbstverständlich auch im Zusammenhang mit einem vorausgegangenen Unfall in Gefahr – aber erfreulicherweise nur unter ganz bestimmten Umständen.

Der Führerschein als solcher ist nur ein Stück Papier zum Nachweis dafür, daß der betreffende Autofahrer die „Fahrerlaubnis" besitzt. Das, was man landläufig als „Führerscheinentzug" bezeichnet, heißt auf Amtsdeutsch „Entziehung der Fahrerlaubnis".

Die Entziehung der Fahrerlaubnis kann durch die Verwaltungsbehörde (Führerscheinbehörde) erfolgen, wenn der Fahrerlaubnisinhaber sich als ungeeignet zum Führen von Kraftfahrzeugen erwiesen hat.

Ohne hier auf alle Einzelheiten einzugehen: Die Ungeeignetheit ergibt sich u.a. aus dem Kontostand Ihres Punktekontos in der Flensburger Verkehrssünderkartei amtlich: Verkehrszentralregister (s. Abschnitt 3.10, Seite 108). Haben Sie in Flensburg 9 Punkte gesammelt, erhalten Sie eine erste amtliche Verwarnung. Ab 14 Punkten ist Ihr Führerschein ernsthaft in Gefahr. Es wird die Ablegung einer neuen theoretischen Fahrprüfung verlangt, je nachdem auch eine erneute praktische Prüfung. Bei 18 Punkten und mehr sind Ihre Chancen fast auf Null gesunken. Gegen die dann fällige Entziehung der Fahrerlaubnis auf dem Verwaltungswege können Sie nur noch mit einem hoffentlich positiven TÜV-Gutachten aufgrund eines medizinisch-psychologischen Eignungstests versuchen vorzugehen. Der TÜV-Test (unfein auch „Idioten-Test" genannt) winkt auch demjenigen, der erneut 9 Punkte angesammelt hat, nachdem ihm innerhalb der letzten zwei Jahre vorher die Fahrerlaubnis bereits einmal entzogen worden war. Ist die Verwaltungsbehörde aufgrund des TÜV-Gutachtens nicht bereit, Ihnen ausnahmsweise trotz Ihres Punktekontos die Fahrerlaubnis zu belassen, bleibt gegen den Entzug nur der Widerspruch. Dieser hat im Zweifel aber keine aufschiebende Wirkung und es folgt anschließend ein Verwaltungsgerichtsverfahren. So weit sollte man es besser erst gar nicht kommen lassen.

Auf jeden Fall muß man im Zusammenhang mit einem Verkehrsunfall mitberücksichtigen, ob und ggf. wieviel Punkte man bereits in der Verkehrssünderkartei angesammelt hat. Für eine fahrlässige Straßenverkehrsgefährdung, also beispielsweise Verursachen eines Unfalls in alkoholisiertem Zustand (→*Alkohol*), gibt es gleich 7 Punkte, ebenfalls für eine →*Unfallflucht;* eine fahrlässige Körperverletzung schlägt mit 5 Punkten zu Buche, Überholen bei unklarer Verkehrslage mit 4 Punkten, eine Vorfahrtsverletzung oder das Nichtbeachten des Rotlichts kosten immerhin 3 Punkte.

Weitere Einzelheiten finden Sie in der bereits erwähnten Punktetabelle im Abschnitt 3.10, Seite 108.

Zwei Dinge müssen Sie im Zusammenhang mit der Flensburger Verkehrssünderkartei unbedingt wissen: Die Punkte aus Verkehrsstraftaten (wie beispielsweise fahrlässiger Körperverletzung, Unfallflucht u.a.) bleiben Ihnen fünf Jahre lang erhalten; die Punkte wegen anderer Verkehrsordnungswidrigkeiten werden nach zwei Jahren gelöscht – vorausgesetzt, in diesem Zwei- bzw. Fünf-Jahres-Zeitraum ist keine weitere zusätzliche Eintragung erfolgt.

Außerdem: Wird Ihnen die Fahrerlaubnis entzogen, kommt dadurch Ihr Punktekonto automatisch wieder auf Null – ein schwacher Trost.

Tip

Wenn Ihr Punktestand, insbesondere auch nach einem Unfall, kritisch wird, sollten Sie unbedingt einen →*Rechtsanwalt* einschalten. Viele Einsprüche gegen Bußgeldbescheide werden weniger wegen der Höhe der Geldbuße, als wegen der damit im Zusammenhang stehenden Punkte eingelegt. Eintragungen in Flensburg erfolgen nämlich erst im Zusammenhang mit Geldbußen ab DM 80,– aufwärts. Gelingt es Ihnen bzw. Ihrem Rechtsanwalt also, aufgrund besonderer Umstände bei einer Vorfahrtsverletzung mit Unfall, die an sich eine Geldbuße in Höhe von DM 130,– und 3 Punkte zur Folge hat, die Geldbuße auf unter DM 80,– ermäßigt zu bekommen, erfolgt auch kein Punkteeintrag.

Die Entziehung der Fahrerlaubnis kann auch durch eine strafrechtliche Entscheidung nach den Vorschriften des Strafgesetzbuches erfolgen. Wird jemand beispielsweise wegen fahrlässiger Straßenverkehrsgefährdung (Unfall in alkoholisiertem Zustand, Verurteilung bereits ab 0,3 ‰ aufwärts möglich!) oder wegen →*Unfallflucht* verurteilt, ist die Fahrerlaubnis weg, dagegen keineswegs unbedingt in Fällen fahrlässiger Tötung!

Das Strafgesetzbuch (StGB) sieht vor, daß das Gericht nicht nur die Fahrerlaubnis entzieht, sondern im Regelfall auch eine Sperrfrist für die Wiedererteilung einer Fahrerlaubnis verhängt. Diese Sperrfrist beträgt nach dem StGB mindestens sechs Monate. Diese Mindestfrist kann man aber so gut wie vergessen. Insbesondere in Alkoholfällen läuft unter einer acht- bis zehnmonatigen Sperrfrist normalerweise gar nichts, von der zusätzlichen Geldstrafe einmal ganz abgesehen.

In die Sperrfrist miteinberechnet wird die Zeit zwischen dem Unfall und dem Zeitpunkt der gerichtlichen Entscheidung. Eine vorläufige Entziehung der Fahrerlaubnis direkt nach dem Unfall oder die „freiwillige" Abgabe des Führerscheins zur Vermeidung einer Beschlagnahme und anschließenden vorläufigen Entziehung wird bei der Sperrfrist also miteingerechnet.

Tip

Es sollte schon sechs bis acht Wochen vor Ablauf der Sperrfrist die Wiedererteilung der Fahrerlaubnis bei der zuständigen Behörde beantragt werden, damit der „neue" Führerschein dann auch wirklich unmittelbar nach Ablauf der Sperrfrist ausgehändigt werden kann. Bei Ersttätern wird im Regelfall auf eine erneute mündliche oder gar praktische Fahrprüfung verzichtet.

Bei Alkohol-Ersttätern besteht die Möglichkeit, im Gnadenweg eine Verkürzung der Sperrfrist für die Wiedererteilung der Fahrerlaubnis um durchschnittlich etwa zwei Monate zu erreichen. Voraussetzung ist die regelmäßige und erfolgreiche Teilnahme an einem Nachschulungskurs für alkoholauffällige Kraftfahrer (u.a. „Mainzer Modell"). Solche Kurse werden vom TÜV durchgeführt und kosten einige hundert DM extra.

Noch ein Wort zur Fahrerlaubnis-Entziehung im Zusammenhang mit →*Alkohol* bzw. Alkoholunfällen: Der Hinweis auf den drohenden Verlust des Arbeitsplatzes für den Fall, daß man den Führerschein für mehrere Monate los sei, beeindruckt keinen Richter. Auch Versuche, bestimmte Fahrzeuge oder Fahrzeugtypen (die man nur und ausschließlich beruflich nutzt), von der Fahrerlaubnis-Entziehung ausgenommen zu erhalten, sind von vornherein zum Scheitern verurteilt. (Ausnahmen gibt es praktisch nur für landwirtschaftliche Fahrzeuge.)

Streng von der Fahrerlaubnis-Entziehung zu unterscheiden ist das **Fahrverbot.** Ein Fahrverbot kann sowohl vom Gericht wie auch von der Bußgeldbehörde (→*Bußgeldverfahren*) im Zusammenhang mit Verstößen gegen das Verkehrsrecht verhängt werden, und zwar für einen Zeitraum zwischen ein und drei Monaten.

Wird ein solches Fahrverbot wirksam, muß der Betroffene den Führerschein in amtliche Verwahrung geben. Nach Ablauf der Fahrverbotszeit erhält er seinen „alten" Führerschein ohne weiteres wieder zurück. Ein Fahrverbot kann z.B. verhängt werden wegen erheblicher Geschwindigkeitsüberschreitung oder Führen eines Kraftfahrzeuges unter Alkoholeinfluß zwischen 0,8 ‰ und 1,29 ‰ ohne Verursachung eines Unfalls.

Das Fahrverbot wird erst wirksam mit Rechtskraft des zugrunde liegenden Bußgeldbescheids bzw. Urteils. Ist es für einen Betroffenen wichtig, den Führerschein erst zu einem späteren Zeitpunkt abgeben zu können (z.B. wegen unaufschiebbarer beruflicher Termine o.ä.), kann mit Hilfe von Einspruchseinlegung bzw. sonstigen Rechtsmitteln das zeitliche Inkrafttreten des Fahrverbots in gewissen Grenzen „gesteuert" werden.

Tip

Sind besondere Umstände im Zusammenhang mit dem Verkehrsverstoß gegeben oder schwerwiegende berufliche Nachteile durch das Fahrverbot zu erwarten, kann versucht werden, die Bußgeldbehörde dazu zu bewegen, statt eines Fahrverbotes eine kräftig erhöhte Geldbuße zu verhängen.

Auch in Fahrverbotsfällen sollten Sie möglichst frühzeitig einen →*Rechtsanwalt* einschalten, da Bußgeldbehörden sich erfahrungsgemäß immer wesentlich „schwerer tun", ein bereits einmal verhängtes Fahrverbot wieder zurückzunehmen, als wenn die Erhöhung der Geldbuße bei gleichzeitigem Verzicht auf das Fahrverbot bereits im Vorfeld des Erlasses des Bußgeldbescheides geklärt wird.

Fußgänger/Radfahrer

Sind Sie als Kraftfahrer in einen von einem Fußgänger oder Radfahrer verschuldeten Unfall verwickelt, können Sie als Wichtigstes nur auf folgende drei Dinge hoffen: daß er unverletzt bleibt, daß Sie seine Personalien feststellen können (nebenbei: nach den Vorschriften der Strafprozeßordnung können Sie einen fluchtwilligen Unfallbeteiligten auch als Privatmann vorläufig festnehmen!) und daß der schuldige Fußgänger oder Radfahrer eine Privathaftpflichtversicherung abgeschlossen hat.

Ist letzteres nicht der Fall, müssen Sie damit rechnen, daß Sie zwar vor Gericht Recht, damit aber noch lange kein Geld bekommen. Ob Sie Ihre Schadenersatzansprüche jemals realisieren können, hängt von der Zahlungsfähigkeit des Unfallverursachers ab – ganz anders als in Fällen, in denen mit einem Kraftfahrzeug ein Unfall verursacht wurde. Nach dem →*Pflichtversicherungsgesetz* besteht für Kraftfahrzeuge eine Zwangs-Haftpflichtversicherung, nicht aber für nicht-motorisierte Verkehrsteilnehmer. Den Schaden, den ein Fußgänger oder Radfahrer durch eine Kollision anrichten kann, sollte man nicht unterschätzen.

Nicht selten kommt es aber vor, daß Fußgänger oder Radfahrer einen Verkehrsunfall verschulden, ohne selbst in diesen Unfall verwickelt zu sein (Notbremsung und/oder Ausweichmanöver des Kraftfahrers, das im Graben oder an einem Baum endet!). Viele Fußgänger sind in einem solchen Falle versucht, den Schaden nach dem Grundsatz „So weit die Füße tragen", viele Radfahrer nach dem Motto „Tritt in die Pedale..." zu „regulieren". Glück für den Kraftfahrer, der in einem solchen Falle eine Vollkaskoversicherung (→*Kaskoversicherung*) hat!

Gefährdungshaftung

→ *Haftung*

Glasschaden

→ *Kaskoversicherung*

Gutachter

→ *Sachverständiger*

Haftpflichtversicherung

→ *Pflichtversicherung*

Haftung (Gefährdungshaftung/Verschuldenshaftung)

Unser Schadenersatzrecht beruht in vielen Bereichen auf dem Grundsatz: „Keine Haftung ohne Verschulden". Das soll heißen, daß jemand nur dann zum Schadenersatz herangezogen werden kann, wenn ihm ein Verschulden nachgewiesen wird, entweder in Form der Fahrlässigkeit oder gar des Vorsatzes. Vorsatz bedeutet – vereinfacht ausgedrückt –, daß man einen Schaden bewußt und gewollt herbeigeführt hat, Fahrlässigkeit, daß man diesen Schaden verursacht hat, weil man „die im Verkehr erforderliche Sorgfalt" außer acht gelassen hat.

Beispiel: Wer bewußt und (laienhaft ausgedrückt) in voller Absicht gegen das geparkte Fahrzeug seines Nachbarn fährt, weil dieser ihm immer wieder die Garagenzufahrt versperrt, handelt vorsätzlich.

Wer beim Einparken aus Versehen am Fahrzeug des Nachbarn „vorbeischrammt", handelt fahrlässig.

Nach den normalen Grundsätzen des Beweisrechts muß der Geschädigte nicht nur den Schaden beweisen und →*Beweise* dafür erbringen, daß der in Anspruch Genommene der Täter ist, sondern auch dessen Verschulden belegen.

Bei vielen Verkehrsunfällen kommt man als Geschädigter auch mit den Grundsätzen der Verschuldenshaftung zu seinem Schadenersatz – mancher

Geschädigte würde jedoch leer ausgehen, weil er die Schuld des anderen nicht beweisen kann.

Der manchmal durchaus weise Gesetzgeber hat dies vorausgesehen und für Teilbereiche des Rechts eine Haftung ohne Verschulden (Gefährdungshaftung) eingeführt, so auch für den Bereich des Kraftfahrzeugverkehrs. Die entsprechenden Vorschriften sind im Straßenverkehrsgesetz enthalten.

Der Grundgedanke ist, daß der Betrieb eines Kraftfahrzeugs für andere immer gefährlich sein kann, andere also grundsätzlich durch Kraftfahrzeuge gefährdet sind (daher der Ausdruck **Gefährdungshaftung**). Weil diese Gefährdung der anderen immer mit dem Betrieb eines Kraftfahrzeuges zusammenhängen muß, um haftungsauslösend zu sein, spricht man auch von der „Betriebsgefahr“ eines Kraftfahrzeuges, die im Schadensfall zur Haftung führt.

Diese Vorschrift des § 7 Absatz 1 StVG ist so wichtig, daß sie hier wörtlich wiedergegeben wird:

> „Wird beim Betrieb eines Kraftfahrzeugs ein Mensch getötet, der Körper oder die Gesundheit eines Menschen verletzt oder eine Sache beschädigt, so ist der Halter des Fahrzeugs verpflichtet, dem Verletzten den daraus entstehenden Schaden zu ersetzen.“

Diese Vorschrift bestimmt die Haftung ohne Wenn und Aber und insbesondere ohne den sonst im Schadenersatz erforderlichen Verschuldensnachweis.

§ 7 StVG hat aber noch einen zweiten Absatz, in dem teilweise wieder das zurückgenommen wird, was in Absatz 1 dem Geschädigten noch zugestanden wurde.

§ 7 Absatz 2 StVG schränkt die Haftung nämlich gleich wieder ein. Auch hierzu der vollständige Wortlaut:

> „Die Ersatzpflicht ist ausgeschlossen, wenn der Unfall durch ein unabwendbares Ereignis verursacht wird, das weder auf einem Fehler in der Beschaffenheit des Fahrzeugs noch auf einem Versagen seiner Vorrichtungen beruht. Als unabwendbar gilt ein Ereignis insbesondere dann, wenn es auf das Verhalten des Verletzten oder eines nicht bei dem Betrieb beschäftigten Dritten oder eines Tieres zurückzuführen ist, und sowohl der Halter als auch der Führer des Fahrzeugs jede nach den Umständen des Falles gebotene Sorgfalt beobachtet haben.“

Aus dem zuletzt zitierten Absatz 2 ergibt sich, daß der Unfallverursacher sich nach den Grundsätzen der Gefährdungshaftung nicht darauf berufen kann, der Unfall sei für ihn unabwendbar gewesen, weil ein Fehler in der Beschaffenheit seines Fahrzeugs oder ein Versagen der Fahrzeugvorrichtungen vorgelegen habe.

Beispiel: Der Reifen eines PKWs platzt, weil ein Fremdkörper eindringt. Dafür können weder Halter noch Fahrer des betreffenden PKWs etwas. Kommt es durch den platzenden Reifen zu einem Unfall, kann man sich dennoch nicht darauf berufen, daß es ein unabwendbares Ereignis war.

Wann aber greift der Einwand, ein Unfall sei ein unabwendbares Ereignis gewesen? Dies ist z.B. dann der Fall, wenn Ihnen der aufgrund des Reifenschadens schleudernde PKW aus dem vorangegangenen Beispiel auf Ihrer eigenen Fahrbahn entgegenkommt und Ihnen auch bei größtmöglicher Sorgfalt das Vermeiden des Zusammenstoßes, sei es durch Ausweichen, sei es durch eine Vollbremsung oder eine Kombination von beidem, nicht möglich war.

Beispiel: Unabwendbar ist ein Unfall z.B. auch dann, wenn aus einer untergeordneten, nicht einsehbaren Nebenstraße ein Fahrzeug unter Mißachtung des Stopschildes dem bevorrechtigten Fahrzeug in die Seite fährt.

Das „Ärgerliche" am Unabwendbarkeitsnachweis ist folgendes: Der Geschädigte muß im Streitfalle beweisen, daß der Unfall für ihn unabwendbar war. Wer also 100 % seines Schadens erstattet haben will, muß beweisen, daß der Schaden auch bei größtmöglicher Sorgfalt nicht vermieden werden konnte. Kann er diesen Beweis nicht erbringen, bleibt der Geschädigte auf der „Betriebsgefahr" des eigenen Fahrzeugs, die etwa mit 20 – 30 % des Schadens in Ansatz gebracht wird, „sitzen". Anders ausgedrückt: Dem Geschädigten bleibt eine Mithaftung in Höhe etwa dieser Quote.

Ein solches Ergebnis ist wiederum in vielen Fällen unbefriedigend. Deshalb hat die Rechtsprechung hier wieder korrigierend eingegriffen und den Grundsatz aufgestellt, daß auch eine an sich zu berücksichtigende Betriebsgefahr dann zurücktritt, der Geschädigte sich also seine Betriebsgefahr nicht anrechnen lassen muß, wenn das Verschulden des anderen so stark überwiegt, daß es die Betriebsgefahr verdrängt.

So kommt es dazu, daß beispielsweise in den meisten „Vorfahrts-Fällen" oder „Linksabbieger-im-Gegenverkehr-Fällen" der Bevorrechtigte doch zu seinem vollen Schadenersatz kommt.

Zur Haftungsverteilung nach Quoten s. →*Mitverschulden.*

Die Gefährdungshaftung stellt – das muß man ganz deutlich sagen – nur ein Auffangnetz dar, um den Geschädigten, der das Verschulden des anderen nicht beweisen kann, nicht ins Bodenlose fallen, sprich: völlig leer ausgehen zu lassen. Gefährdungshaftung bedeutet für den in Anspruch Genommenen andererseits, für etwas haften zu müssen, an dem er kein Verschulden trägt.

Um diese gesetzlich vorgesehene „Ungerechtigkeit" auszugleichen, ist die Gefährdungshaftung (im Gegensatz zur Verschuldenshaftung) folgendermaßen beschränkt:

Einmal durch Haftungshöchstbeträge (auf DM 500.000,– bei Tötung oder Verletzung eines Menschen, bei mehreren Menschen insgesamt auf DM 750.000,–, auf DM 100.000,– für Sachschäden). Zum zweiten dadurch, daß es aufgrund der Gefährdungshaftung **kein** →*Schmerzensgeld* gibt. Hierauf muß immer wieder hingewiesen werden. Wer nach einem Unfall Schmerzensgeld verlangen will, kommt mit den Grundsätzen der Gefährdungshaftung nicht weiter, er muß vielmehr das Verschulden des Schädigers beweisen.

Tip

Auf seine Ansprüche aus der Gefährdungshaftung des anderen muß man sich im übrigen im Regelfall innerhalb von zwei Monaten gegenüber dem Ersatzpflichtigen berufen, sonst tritt der Verlust der Rechte aus dieser Haftung ein.

Halterauskunft

→ *Pflichtversicherung*

Heilbehandlungskosten

Die Heil(behandl)ungskosten nach einem Unfall bereiten erfreulicherweise nur selten Probleme. Zu den Heilbehandlungskosten gehören alle Arzt- und Krankenhauskosten, die Kosten für Medikamente, Krankengymnastik, medizinische Hilfsmittel usw. Hier nimmt der Geschädigte im Regelfall seine Krankenversicherung in Anspruch, und zwar gleichgültig, ob er bei einer gesetzlichen Krankenkasse oder privat versichert ist. Der Gesetzgeber hat insoweit die Schadensregulierung dem Verletzten abgenommen: In dem Augenblick, in dem eine Krankenkasse Leistungen für den Unfallverletzten erbringt, gehen dessen Schadenersatzansprüche automatisch auf die Krankenkasse über. Die Krankenkasse ihrerseits macht dann die Aufwendungen beim Schädiger bzw. dessen Haftpflichtversicherung geltend.

Kaskoversicherung (Vollkasko/Teilkasko)

Wenn Ihr Gegner aufgrund der Sach- und Rechtslage zum vollständigen Ersatz Ihres Schadens verpflichtet ist, dann besteht keinerlei Veranlassung, eine für Ihr Fahrzeug bestehende Kaskoversicherung in Anspruch zu nehmen.

Anders sieht es aber dann aus, wenn Sie ein erhebliches → *Mitverschulden* am Unfall trifft. Sie haben dann durchaus die Möglichkeit, den Schaden gegenüber Ihrer Vollkaskoversicherung abzurechnen. Diese muß auch dann bezahlen, wenn Sie selbst an dem Schaden (mit-)schuld sind, es sei denn, es liegt Vorsatz oder grobe Fahrlässigkeit vor.

Daß die Kaskoversicherung nicht bei Vorsatz bezahlt, also wenn Sie den Schaden bewußt und gewollt herbeigeführt haben, ist klar.

Böse Überraschungen erleben aber manche Vollkaskoversicherten, wenn die Versicherung mit der Begründung die Zahlung ablehnt, der Schaden sei grob fahrlässig verursacht worden.

Unter grober Fahrlässigkeit versteht man, vereinfacht ausgedrückt, einen gesteigerten Grad von Fahrlässigkeit, der schon fast als Leichtsinn zu qualifizieren ist. Darunter fallen auch ganz schwere Verstöße gegen die normalen Sorgfaltspflichten.

Viele Versicherer und manche Gerichte vertreten sogar die Auffassung, daß das Überfahren einer roten Ampel eine grobe Fahrlässigkeit darstellt, mit der Folge, daß die Kaskoversicherung dann nicht zahlen muß.

Auch der Autofahrer, der während der Fahrt eine auf den Boden gefallene Kassette oder Zigarette sucht und daraufhin an einem Baum landet, wird wegen der groben Fahrlässigkeit seinen Schaden von der Kaskoversicherung nicht ersetzt bekommen.

Die Vollkaskoversicherung ersetzt den Fahrzeugschaden (Reparaturkosten oder Wiederbeschaffungswert), wobei das Alter des Fahrzeugs eine Rolle spielen kann. Ist das Fahrzeug nicht älter als zwei Jahre und ist ein →*Totalschaden* eingetreten, erhalten Sie sogar das Geld für die Anschaffung eines nagelneuen Fahrzeugs. Bei älteren Fahrzeugen werden die Reparaturkosten bezahlt, unter Umständen müssen Sie für Wertverbesserungen aufgrund der Reparatur sog. Abzüge „neu für alt“ hinnehmen.

Bei Vollkaskoschäden beauftragt die eigene Kaskoversicherung regelmäßig einen →*Sachverständigen.* Hüten Sie sich davor, ihn selbst zu beauftragen! Sie werden sonst, anders als im Haftpflichtfall, auf dessen Kosten sitzenbleiben.

Probleme bei der Regulierung entstehen häufig, wenn es um den →*Restwert* des Fahrzeugwracks geht.

Die meisten Vollkaskoversicherungen sind mit einer Selbstbeteiligung (z.B. DM 650,–, DM 1.000,– oder DM 2.000,–) abgeschlossen. Dies bedeutet, daß der betroffene Autofahrer den Selbstbehalt von der Vollkaskoversicherung nicht ersetzt bekommt, beispielsweise also nur den über DM 1.000,– hinausgehenden Reparaturschaden am Fahrzeug erhält. Die Vollkaskoversicherung zahlt außerdem z.B. weder →*Nutzungsausfall* noch eine →*Wertminderung*.

Ergebnis bei der Vollkasko-Abrechnung ist, daß der Autofahrer auf einem Restbetrag seines Schadens hängen bleibt. Diesen Restbetrag kann er dann gegenüber der gegnerischen (→*Pflichtversicherung*) Haftpflichtversicherung geltend machen. Er wird quotenmäßig entsprechend dem Haftungsanteil des Unfallgegners eine weitere Zahlung von dessen Haftpflichtversicherung erhalten.

Wenn Sie Ihre Vollkaskoversicherung in Anspruch nehmen, ist diese Entscheidung endgültig. Im Gegensatz zur Haftpflichtversicherung (→*Pflichtversicherung*, →*Schadenfreiheitsrabatt*) können Sie von der Versicherung regulierte Vollkaskoschäden dort nicht „zurückkaufen“, wenn Sie beispielsweise nach längerem Rechtsstreit doch noch von der gegnerischen Haftpflichtversicherung vollen Schadenersatz erlangen. Zahlt die Vollkaskoversicherung, müssen Sie die etwaigen Schadenersatzansprüche gegen den Unfallgegner in Höhe der Zahlungen an die Vollkaskoversicherung abtreten, die sich das Geld dann ggf. bei der Haftpflichtversicherung des Gegners zurückholt. Bedenken sollten Sie auch, daß es auch in der Vollkaskoversicherung einen →*Schadenfreiheitsrabatt* gibt, jede Inanspruchnahme also gleich höhere Versicherungsprämien für Sie bedeutet.

Man sollte daher zunächst versuchen, einen Unfallschaden mit der gegnerischen Haftpflichtversicherung abzuwickeln. Die eigene Vollkaskoversicherung sollte vorsorglich informiert, aber tatsächlich nur dann in Anspruch genommen werden, wenn feststeht, daß voller Schadenersatz von der Gegenseite nicht zu erhalten sein wird.

Tip

In der Teilkaskoversicherung (gegen die Risiken Diebstahl, Brand u. a.) ist im übrigen Glasbruch versichert. Wenn bei einem Unfall Zahlungen von der Gegenseite nicht oder nicht vollständig zu erreichen sind, an Ihrem Fahrzeug aber Glasschaden (z.B. Windschutzscheibe, Scheinwerfer, Blinker etc.) entstanden ist, sollten Sie diesen Schaden Ihrer Teilkaskoversicherung melden. Je nach vereinbartem Teilkaskoselbstbehalt können Sie von dort aus noch zusätzliche Zahlungen erhalten.

Kleiderschaden

→ *Sachschaden*

Kostenübernahmeerklärung

In den Fällen, in denen die „Sach- und Rechtslage", also der Unfallhergang und die Schuldfrage bereits nach sehr kurzer Zeit völlig geklärt sind, weil – was selten genug, aber immerhin doch manchmal vorkommt – die Angaben des Schuldigen und des Geschädigten gegenüber der Haftpflichtversicherung des Schädigers übereinstimmen, kann man sich als Geschädigter von der gegnerischen Versicherung eine sog. Kostenübernahmeerklärung geben lassen.

Damit hat es folgende Bewandtnis:

Die gegnerische Versicherung erklärt gegenüber der Reparaturwerkstatt, in der das Fahrzeug des Geschädigten repariert werden soll, daß sie für die Reparaturkosten im Umfang eines ihr bereits vorgelegten Kostenvoranschlages oder eines Sachverständigengutachtens aufkommen wird.

Nachdem diese Kostenübernahmeerklärung vorliegt, wird die Werkstatt die Reparaturrechnung nicht an Sie als den Geschädigten, sondern direkt an die eintrittspflichtige Haftpflichtversicherung übersenden und von dort aus direkt ihr Geld erhalten. Mit der Schadensabwicklung haben Sie dann insoweit überhaupt nichts mehr zu tun.

Dieses Vorgehen hat einen ganz besonderen Vorteil, auf den hingewiesen werden muß:

In einem solchen Falle werden Sie als Geschädigter nämlich keine Schwierigkeiten haben, ihr repariertes Fahrzeug wieder aus der Reparaturwerkstatt zurückzuholen. Wieso das, werden Sie fragen. Viele juristische Laien sind sich nicht darüber im klaren, daß es der Reparaturwerksatt verständlicherweise nur darauf ankommt, für die ordnungsgemäß durchgeführte Reparatur ihr wohlverdientes Geld zu erhalten, und zwar ohne Rücksicht darauf, ob der Unfallgeschädigte seinerseits wiederum bereits Geld von der Versicherung als Schadenersatz erhalten hat oder nicht.

Auch und gerade im Kfz-Reparaturgewerbe gilt der Grundsatz: Wer bestellt, bezahlt. Das hat bereits 1900 der Gesetzgeber eingesehen, der dem Werkunternehmer (und hierzu gehören die Reparaturbetriebe) ein sog. Werkunternehmerpfandrecht u.a. an den von ihm reparierten Dingen, also z.B. Ihrem PKW, eingeräumt hat. Anders herum: Solange Sie die Reparatur nicht bezahlen, ist die Reparaturfirma nicht verpflichtet, Ihnen Ihr Fahrzeug wieder herauszugeben. Dieser Punkt wird dann, wenn Sie dort das Fahrzeug gekauft haben und im übrigen „Stammkunde“ sind, keine Rolle spielen. Bei bislang unbekannten Kunden kommt es aber durchaus vor, daß die Aushändigung des Fahrzeugs nur gegen sofortige Bezahlung erfolgt.

Liegt jedoch eine Kostenübernahmeerklärung einer Versicherung vor, taucht **dieses** Problem mit Sicherheit nicht auf.

Lohnfortzahlung

→ *Verdienstausfall*

„Mainzer Modell"

→ *Führerschein*

Mehrwertsteuer

Bei jeder Unfall-Schadensregulierung will die in Anspruch genommene gegnerische Versicherung vom Geschädigten wissen: „Sind Sie vorsteuerabzugsberechtigt?" Verständlicher ausgedrückt ist danach gefragt, ob der Geschädigte die Mehrwertsteuer gegenüber dem Finanzamt im Wege des Vorsteuerabzugs geltend machen kann. Bei Privatleuten ist dies grundsätzlich **nicht** der Fall, im Gegensatz zu Gewerbetreibenden, Unternehmen etc.

Hat ein Unternehmer einen Unfall, so erhält er von der gegnerischen Versicherung nur die Nettobeträge der im Zusammenhang mit dem Unfall stehenden Rechnungen (Reparatur-, Abschlepp-, Sachverständigen-, Anwaltsrechnung u.a.) ersetzt. Die auf diesen Rechnungen gesondert ausgewiesene Mehrwertsteuer kan der Unternehmer nämlich seinerseits gegenüber dem Finanzamt mit seiner eigenen Mehrwertsteuerschuld verrechnen, also im Wege der Vorsteuer abziehen.

Würde die Versicherung auch bei Vorsteuerabzugsberechtigten „brutto" regulieren, wäre vielfach nicht auszuschließen, daß der Geschädigte die Mehrwertsteuer sowohl von der Versicherung erhält, zusätzlich aber den Mehrwertsteuerbetrag durch den Vorsteuerabzug beim Finanzamt „einspart".

Tip

Wichtig ist in diesem Zusammenhang: Wer nicht vorsteuerabzugsberechtigt ist, hat Anspruch auf Zahlung des Mehrwertsteuerbetrages (beispielsweise ausgewiesen in einem Sachverständigengutachten) hinsichtlich der Reparaturkosten für sein Fahrzeug auch dann, wenn er das Fahrzeug tatsächlich überhaupt nicht, „im Hinterhof" wesentlich billiger als nach Sachverständigengutachten oder gar selbst repariert. In diesem Punkte wollten die Versicherer früher immer wieder „sparen" – unzulässigerweise, wie sich aus der inzwischen insoweit einhelligen Rechtsprechung ergibt.

Mietwagen

Grundsätzlich haben Sie nach einem Verkehrsunfall, bei dem Ihr Fahrzeug beschädigt worden ist, Anspruch auf Ersatz der Kosten für einen Mietwagen. Allerdings besteht dieser nur in der Höhe, in der die gegnerische Versicherung prozentual den Unfallschaden regulieren muß. Mit anderen Worten: Trifft Sie ein →*Mitverschulden* am Unfall oder war der Unfall für Sie kein sog. unabwendbares Ereignis (→*Haftung),* muß die Versicherung nur einen Teil Ihres Schadens (z.B. 50 %, 60 % oder 80 %) und damit auch nur den entsprechenden prozentualen Anteil an den Mietwagenkosten übernehmen.

Tip

Ist bei einem Unfall die Rechtslage nicht von vornherein eindeutig und sind Sie nicht unbedingt auf einen Mietwagen angewiesen, sollten Sie hierauf in jedem Falle verzichten. Das Risiko, auf einem erheblichen Teil der Mietwagenkosten letzten Endes sitzenzubleiben, ist am Anfang einer Schadensregulierung oft schwer abzuschätzen.

Die Entscheidung, einen Mietwagen zu nehmen, sollte daher nicht spontan unmittelbar nach dem Unfall, sondern erst nach genauer Überlegung, am besten nach Rücksprache mit einem →*Rechtsanwalt,* erfolgen – wenn die Schuldfrage nicht wirklich sonnenklar ist.

Aber selbst dann, wenn die Schuldfrage eindeutig zu Lasten Ihres Kontrahenten geklärt ist und Ihnen 100 %iger Schadenersatz zusteht, heißt dies noch lange nicht, daß Sie auch sicher sein können, nicht doch einen Teil der Mietwagenkosten selbst tragen zu müssen.

Die Versicherungen sind aus gutem Grunde nicht bereit, jede Mietwagenrechnung ohne weiteres zu akzeptieren. Die Preise für Mietwagen differieren, je nach Mietwagenunternehmen, in durchaus beträchtlichem Umfang. Hinzu kommt, daß die Versicherer dem Geschädigten, der einen Mietwagen in Anspruch nimmt, grundsätzlich die sog. ersparten Eigenaufwendungen entgegenhalten.

Damit ist gemeint, daß das eigene Auto des Geschädigten ja auch dann Geld kostet, wenn es tatsächlich keinen Kilometer fährt (sog. Vorhaltekosten, wie Abschreibung, anteilige Steuer und Versicherung etc.) und es durch jeden gefahrenen Kilometer an Wert verliert. Über die Höhe der ersparten Eigenaufwendungen gibt es Listen, z.B. vom ADAC. Viele Versicherer und nicht wenige Gerichte machen sich jedoch nicht die Mühe, hier Einzelberechnungen vorzunehmen, sondern pauschalieren die ersparten Eigenaufwendungen mit 15 % des Mietwagenpreises.

Solche Abzüge für ersparte Eigenaufwendungen kommen allerdings nur dann in Betracht, wenn Sie als Mietwagen ein klassengleiches Fahrzeug angemietet haben (Beispiel: eigenes Fahrzeug Mercedes 190 E, Mietfahrzeug ebenfalls Mercedes 190 E). Nehmen Sie aber als Mietwagen mit einem „klassenniedrigeren" Fahrzeug vorlieb, brauchen Sie Abzüge unter dem Gesichtspunkt der ersparten Eigenaufwendungen nicht hinzunehmen (Beispiel: Beschädigtes Fahrzeug Mercedes 190 E, Mietfahrzeug: VW Passat).

Tip

Wenn Sie einen Mietwagen nehmen, sollten Sie sich daher immer mit „einer Nummer kleiner" begnügen und sich darüber hinaus vom Mietwagenunternehmen schriftlich bestätigen lassen, daß eventuelle Abzüge wegen Eigenersparnissen nicht zu Ihren, sondern zu Lasten des Mietwagenunternehmens gehen. Zu solchen Zugeständnissen sind die Mietwagenunternehmer durchaus bereit.

Auch über die „Mietwagenklassen" gibt es wieder entsprechende Listen. Darüber hinaus haben einige Autovermieter mit dem HUK-Verband ein sog. Mietwagen-Abkommen geschlossen. Bei der Anmietung eines Fahrzeugs nach den Bedingungen dieses Abkommens gibt es für den Unfallgeschädigten bei der Schadensregulierung keine Probleme.

Tip

Wer einen Mietwagen nimmt, schließt (sinnvollerweise) dafür eine Vollkaskoversicherung ab. Die dafür entstehenden Kosten werden aber nur dann ersetzt, wenn auch das eigene, verunfallte Fahrzeug vollkaskoversichert war.

Besondere Probleme entstehen bei den Mietwagenkosten dann, wenn der Geschädigte mit einem Mietwagen in einen (bereits vorher geplanten) mehrwöchigen Urlaub ins Ausland fahren will. Mietwagenkosten von DM 10.000,– und mehr kommen dann leicht zusammen.

Trifft Sie ein solcher Fall, können wir nur dringend empfehlen, sofort einen →*Rechtsanwalt* einzuschalten. Zwar haben Sie als Geschädigter das Recht, mit einem Mietwagen ggf. auch in Urlaub zu fahren. Die Schadensminderungspflicht des Geschädigten darf aber nicht außer acht gelassen werden. Bei Tausenden von DM Mietwagenkosten darf der Geschädigte nicht beim erstbesten Autovermieter mieten, er muß vielmehr Vergleichsangebote einholen. Unter Umständen kann einem Geschädigten auch zugemutet werden, statt mit einem Mietwagen mit einem kurzfristig gekauften Übergangsfahrzeug in Urlaub zu fahren – meinen jedenfalls manche Versicherungen und manche Gerichte. In solchen Fällen sollte über einen Rechtsanwalt versucht werden, spätere Streitigkeiten durch eine vorherige Vereinbarung erst gar nicht entstehen zu lassen.

Eine böse Überraschung bei der Endabrechnung kann auch derjenige erleben, der für 14 Tage einen Mietwagen genommen hat und in diesen 14 Tagen beispielsweise nur 50 km damit gefahren ist. In solchen Fällen wird die in Anspruch genommene Versicherung zu Recht einen Verstoß gegen die Schadensminderungspflicht einwenden. Ist also absehbar, daß Sie in der Zeit des Ausfalls Ihres eigenen Fahrzeugs nur wenige Kilometer fahren müssen, sollten Sie lieber keinen Mietwagen für die gesamte Zeit in Anspruch nehmen.

Die Alternative zum Mietwagen lautet: Zufußgehen (oder sich sonstwie behelfen) und → *Nutzungsausfall* beanspruchen.

Militärfahrzeuge

Vorsicht bei Unfällen mit Militärfahrzeugen von Stationierungsstreitkräften!

In der Bundesrepublik sind amerikanische, britische, französische, belgische und kanadische Streitkräfte stationiert, die mit ihren Militärfahrzeugen natürlich auch in Verkehrsunfälle verwickelt sind. Sie müssen wissen, daß solche Verkehrsunfälle nach den Sondervorschriften des NATO-Truppen-Statutes abgewickelt werden, in dem eine böse Falle für die Geschädigten eingebaut ist: Die Schadenersatzansprüche müssen innerhalb von 90Tagen(!) geltend gemacht werden, ansonsten ist ihre Durchsetzung nicht mehr möglich.

In jedem Fall sollten Sie bei einem Unfall mit einem ausländischen Militärfahrzeug die → *Polizei* hinzuziehen und sich an einen → *Rechtsanwalt* wenden.

Die Schadensregulierung muß in solchen Fällen nicht mit den ausländischen Streitkräften direkt vorgenommen werden, vielmehr erfolgt die Regulierung durch bundesdeutsche Behörden (das jeweils zuständige „Amt für Verteidigungslasten“).

Für Berlin gilt wegen des Vier-Mächte-Status eine Sonderregelung (Landesamt für Besatzungslasten).

Die Ämter für Verteidigungslasten regulieren im übrigen auch die Unfälle mit Bundeswehr-Fahrzeugen (Sonderkennzeichen „Y“).

Wenn Privatfahrzeuge von ausländischen Militärangehörigen in einen Unfall verwickelt sind, erfolgt die Schadensregulierung wiederum über eine Haftpflichtversicherung. Die Anschriften der Zulassungsstellen für Privatfahrzeuge der Angehörigen ausländischer Streitkräfte finden Sie im Abschnitt 4.3, Seite 126 abgedruckt.

Mithaftung

→ *Haftung*
→ *Mitverschulden*

Mitverschulden

Ehen und Unfälle haben zumindest eines gemeinsam: Wenn es kracht, sind häufig beide schuld!

Ernsthaft: Bei sehr vielen Verkehrsunfällen kommt es zu einer Schadensteilung, entweder, weil nicht beweisbar ist, daß und wer von beiden oder mehreren Beteiligten die Alleinschuld am Zustandekommen des Unfalls trägt oder aber, weil beide etwas falsch gemacht haben und sich so jeweils ein Mitverschulden anrechnen lassen müssen.

Auf das Sonderproblem der Anrechnung der Betriebsgefahr des eigenen Fahrzeugs hatten wir unter dem Stichwort →*Gefährdungshaftung* hingewiesen.

Hinsichtlich der Frage der Mitschuld, auch Teilschuld oder mitwirkendes Verschulden genannt, finden sich gesetzliche Regelungen sowohl im Straßenverkehrsgesetz (§ 9) als auch im Bürgerlichen Gesetzbuch (§ 254).

Zusammenfassend kann man sagen, daß der Schaden auf die Unfallbeteiligten verteilt wird, und zwar nach dem jeweiligen Mitverursachungs- und Mitverschuldensanteil.

Beispiel: Ein PKW-Fahrer überholt trotz herannahenden Gegenverkehrs. Der Überholende und das entgegenkommende Fahrzeug kollidieren. Anhand der Spuren läßt sich feststellen, daß der entgegenkommende PKWim Zeitpunkt der Kollision mehr als 1 m vom rechten Fahrbahnrand entfernt war und es durch ein geringfügiges Ausweichen nach rechts bzw. dann, wenn er vorschriftsgemäß äußerst rechts gefahren wäre, nicht zum Unfall gekommen wäre. Hier trägt der Überholende zweifellos die überwiegende Schuld, der Entgegenkommer muß sich aber ein Mitverschulden anrechnen lassen. Wenn dieser Mitverschuldensanteil je nach den Einzelumständen des Falles beispielsweise auf ein Drittel festgelegt wird, erhält der Entgegenkommer nur 2/3 seines eigenen Schadens ersetzt, wohingegen der falsch Überholende 1/3 seines Schadens beim Entgegenkommer geltend machen kann.

Anderes Beispiel: Auf einer relativ engen Landstraße streifen sich zwei Fahrzeuge im Begegnungsverkehr. Beide Fahrer sind allein im Fahrzeug. Zeugen gibt es keine, Spuren sind keine festzustellen. In einem solchen Begegnungsfall wird regelmäßig auf der Basis 50 : 50 reguliert, mit anderen Worten: Jeder Unfallbeteiligte erhält von der gegnerischen Versicherung 50% seines eigenen Schadens ersetzt.

Erhält man nach einem Unfall aufgrund der Betriebsgefahr des eigenen Fahrzeugs oder weil ein Mitverschulden vorliegt, keinen vollen Schadenersatz von der Gegenseite, muß man in den Fällen, in denen eine →*Vollkaskoversicherung* besteht, sorgfältig prüfen, ob nicht die eigene Vollkaskoversicherung zunächst in Anspruch genommen und bei der gegnerischen Haftpflichtversicherung nur der Restschaden quotenmäßig geltend gemacht werden soll. Hierzu mehr unter dem Stichwort →*Vollkaskoversicherung*.

Nachtrunk

→ *Blutprobe*

„Neu für Alt"

→ *Sachschaden*

→ *Reparaturkosten*

Niederlegung

→ *Bußgeldverfahren*

Nebenklage

Die Strafprozeßordnung räumt dem Verletzten bzw. bei dessen Tötung den Angehörigen in bestimmten Fällen die sog. Nebenklagebefugnis ein. Für den Bereich der Unfallregulierung ist diese Befugnis dann von Bedeutung, wenn dem Unfallverursacher eine fahrlässige Körperverletzung oder gar eine fahrlässige Tötung vorgeworfen wird.

In solchen Fällen kann man sich dem Strafverfahren als Nebenkläger anschließen – eben **neben** der Staatsanwaltschaft.

Voraussetzung für einen solchen Anschluß, der bis zum rechtskräftigen Abschluß des Strafverfahrens erklärt werden kann, ist in jedem Falle, daß man vorher innerhalb der Frist →*Strafantrag* gestellt hat.

Die Anschlußerklärung als Nebenkläger muß schriftlich gegenüber der Staatsanwaltschaft bzw. dem Gericht abgegeben werden. Das Gericht entscheidet dann über die Zulassung. Mit der Zulassung als Nebenkläger hat man das Recht, vor jeder gerichtlichen Entscheidung in dieser Sache gehört zu werden, an der Hauptverhandlung gegen den Beschuldigten teilzunehmen, dort die Zeugen zu befragen, Anträge zu stellen usw. Als Nebenkläger kann man sich selbstverständlich auch von einem Rechtsanwalt vertreten lassen, der dann die Interessen des Verletzten in der Hauptverhandlung gegen den Schadenverursacher wahrnimmt.

Ist man als Nebenkläger zugelassen, hat man das Recht, während der gesamten Hauptverhandlung anwesend zu sein. Wird man als Verletzter nur als Zeuge gehört, ist das anders. Dann darf man der Verhandlung als Zuhörer erst folgen, wenn man seine Zeugenaussage bereits gemacht hat. Nur: Viele Gerichte weisen den Nebenkläger zwar auf sein Recht zur dauernden Anwesenheit hin, legen ihm aber dennoch nahe, zunächst wie alle anderen Zeugen auch den Sitzungssaal zu verlassen. Dies geschieht dann mit dem unausgesprochenen Hintergedanken, daß der verletzte Nebenkläger seine eigenen

Angaben als Zeuge dann nicht auf etwas abstimmen kann, was ihm vorher in der Verhandlung erst zur Kenntnis gekommen ist.

Lassen Sie sich als Nebenkläger von einem Anwalt vertreten, müssen Sie folgendes beachten: Die Anwaltsgebühren für eine Nebenklagevertretung sind genau so hoch wie für eine Strafverteidigung. Sie betragen im Durchschnitt also mindestens mehrere Hundert DM. Wird der Angeklagte verurteilt, ist das alles kein Problem, da er dann auch die Anwaltskosten des Nebenklägers zu tragen hat. Wird der Angeklagte jedoch freigesprochen, muß der Nebenkläger seine Anwaltskosten selber bezahlen.

Tip

Eines ist wichtig zu wissen: Auch wenn Sie rechtsschutzversichert sind, müssen Sie die Kosten für eine anwaltliche Vertretung als Nebenkläger bedenken: Die →*Rechtsschutzversicherung* übernimmt diese Kosten nämlich **nicht.**

Schließlich steht Ihnen als Nebenkläger das Recht zu, eigenständig und unabhängig von irgendwelchen Rechtsmitteln der Staatsanwaltschaft selbst Rechtsmittel gegen das Strafurteil einzulegen, wenn dieses Ihnen nicht gerecht erscheint.

Die Frage: Nebenklage ja oder nein, kann nur von Fall zu Fall entschieden werden. Bei leichteren Verletzungen, klarer Rechtslage und Regulierungsbereitschaft der eintrittspflichtigen Versicherung ist eine Nebenklage meistens überflüssig, bei schweren Verletzungen oder gar fahrlässiger Tötung grundsätzlich – und zwar unter Einschaltung eines Rechtsanwalts als Nebenklägervertreter – zu empfehlen.

Nutzungsausfall

Wenn Ihr Fahrzeug bei einem Unfall beschädigt wird, an dem Sie nicht oder nur mitschuldig sind, haben Sie für die Zeit, in der sich Ihr Fahrzeug unfallbedingt in Reparatur befindet oder im Falle eines →*Totalschadens* für den Zeitraum der Ersatzbeschaffung eines gleichwertigen Fahrzeuges, Anspruch auf Nutzungsausfall – es sei denn, Sie nehmen einen →*Mietwagen* in Anspruch.

Der Nutzungsausfall muß gegenüber der gegnerischen Versicherung nachgewiesen werden. Dies geht am einfachsten dadurch, daß Sie sich im Falle der Reparatur auf der Rechnung von der ausführenden Werkstatt bestätigen lassen, daß sich Ihr Fahrzeug „unfallbedingt in der Zeit von... bis ... in Reparatur befunden" hat.

Wird Ihr Fahrzeug nicht mehr repariert, weil ein →*Totalschaden* vorliegt, wird als Wiederbeschaffungsdauer regelmäßig ein Zeitraum von 12 Werktagen (= 14 Kalendertage) zugestanden. Abweichungen nach oben oder unten, je nach Modell, sind durchaus möglich.

Die Höhe des Nutzungsausfalls ist vom Fahrzeugtyp abhängig. Je kleiner das Fahrzeug, umso weniger, je größer das Fahrzeug, umso mehr Nutzungsausfall gibt es.

Über die Höhe des Tagessatzes für den Nutzungsausfall brauchen Sie im Einzelfall nicht mit der gegnerischen Versicherung zu streiten. Hierzu gibt es die sog. Nutzungsausfall-Tabellen, die in gewissen Abständen der allgemeinen Kostenentwicklung angepaßt werden.

Der Nutzungsausfall beträgt pro Tag derzeit z.B. für einen

Ford Fiesta 1,0 =	DM 33.–
VW Golf 1,3 Cl =	DM 40.–
Audi 100 1,8 CC =	DM 67.–
Daimler-Benz 260 SE =	DM 118.–

In der derzeit gültigen Nutzungsausfalltabelle sind mehrere Hundert Fahrzeugvarianten der verschiedensten Hersteller aufgeführt. Aus Platzgründen muß hier auf den Abdruck verzichtet werden. Ihr →*Rechtsanwalt* hat die jeweils neueste Tabelle. Wenn Sie einen Unfallschaden selbst regulieren wollen, fragen Sie bei Ihrer eigenen Haftpflichtversicherung nach, wieviel Nutzungsausfall Sie für Ihr beschädigtes Fahrzeug beanspruchen können.

Ob Sie Nutzungsausfall geltend machen oder statt dessen einen →*Mietwagen* in Anspruch nehmen, ist Ihrer Entscheidung überlassen.

Beide Ansprüche stehen Ihnen nicht für den gleichen Zeitraum nebeneinander zu. Allerdings ist es möglich, bei einer beispielsweise 14tägigen Reparaturdauer für insgesamt 7 Tage einen Mietwagen in Anspruch zu nehmen und für die restlichen 7 Tage Nutzungsausfall geldend zu machen.

Tip

Wenn Sie nicht unbedingt auf einen Mietwagen angewiesen sind, sollten Sie sich genau überlegen, ob der Nutzungsausfall nicht vorzuziehen ist. Dies gilt insbesondere in den Fällen, in denen eine Teilschuld (→*Mitverschulden, Haftung*) an Ihnen „hängenbleibt" mit der Folge, daß Sie z.B. nur 70 % Ihres Schadens ersetzt erhalten. Machen Sie dann Nutzungsausfall geltend (statt einen Mietwagen zu nehmen mit der Folge, daß Sie auch von den Mietwagenkosten 30 % selber tragen müssen), reicht der Nutzungsausfall in vielen Fällen dazu aus, daß Sie – zusammen mit der Quote für den Fahrzeugschaden – „unter dem Strich" doch Ihre vollen Reparaturkosten von der gegnerischen Versicherung ersetzt bekommen.

Nutzungsausfall gibt es aber nicht immer!

Ist Ihr Fahrzeug durch einen Unfall beschädigt und liegen Sie selbst während der Reparaturdauer im Krankenhaus oder befinden sich im Auslandsurlaub, erhalten Sie Nutzungsausfall nur dann, wenn Sie nachweisen können, daß auch in der Zeit Ihrer Verhinderung an der Nutzung des Fahrzeugs jemand anderer, z.B. ein Familienangehöriger, mit dem Fahrzeug gefahren wäre.

Von vielen Gerichten wird dem Geschädigten auch zugemutet, mit einem verbeulten, aber noch verkehrssicheren Fahrzeug so lange herumzufahren, bis die Werkstatt mit der Reparatur tatsächlich beginnen kann. Nutzungsausfall gibt es nur für die Tage, in denen das Fahrzeug tatsächlich unfallbedingt in der Werkstatt war, nicht für die Wartezeit auf einen Reparaturtermin.

Nach überwiegender Ansicht kann Nutzungsausfall auch nur dann beansprucht werden, wenn die Reparatur tatsächlich nachweislich ausgeführt wurde, nicht aber in den Fällen, in denen der Geschädigte mit dem unreparierten Fahrzeug auf Dauer weiterfährt.

Tip

Wer als Geschädigter auf Gutachterbasis abrechnen will und das Fahrzeug entweder selbst repariert oder „im Hinterhof" viel billiger reparieren läßt, kann dennoch zu Nutzungsausfall kommen: Er muß nur nachweisen, daß, aber nicht wo und zu welchem Preis das Fahrzeug repariert wurde. Am einfachsten geht das durch „die Zeitung mit den großen Buchstaben". Diese wird an die beschädigte Fahrzeugstelle gehalten, mit dem Fahrzeug fotografiert, das Foto der gegnerischen Versicherung vorgelegt. Anhand der „Balkenüberschriften", die auf jedem Foto noch erkennbar sind, läßt sich dann nachweisen, daß das Fahrzeug nach dem Unfallzeitpunkt wieder instandgesetzt worden ist. Für die aus dem Gutachten ersichtliche Reparaturdauer kann dann Nutzungsausfall beansprucht werden.

Auch für Nutzfahrzeuge gibt es Nutzungsausfall, aber nicht anhand von Tabellen. Im Normalfall wird beispielsweise für einen LKW auch kein fiktiver anteiliger Mietpreis in Ansatz gebracht werden können. Wenn es um Nutzungsausfall für LKWs o.ä. geht, hilft im Zweifel nur ein spezielles Sachverständigengutachten. Die Nutzungsausfallsätze sind viel geringer, als man denkt.

Für Wohnmobile gibt es grundsätzlich keinen Nutzungsausfall, es sei denn, man kann nachweisen, daß man das Wohnmobil nicht nur für Urlaubsfahrten, sondern auch als Alltagsfahrzeug benutzt.

Manche Versicherungen versuchen, am Nutzungsausfall bei relativ alten Fahrzeugen „zu sparen". Für „Oldies" (älter als beispielsweise 5 Jahre) soll es danach weniger Geld geben.

Diese Auffassung ist unsinnig, da auch ein zehn Jahre altes, fahrfähiges Auto seinen Besitzer genauso gut vom Punkt A zum Punkt B bringt wie ein nagelneues. Unverständlicherweise ist inzwischen aber sogar der Bundesgerichtshof dieser „Sparauffassung" gefolgt. Dennoch: Sie sollten sich auf derartige Kürzungen nicht einlassen. Manches Amts- und Landgericht ist nämlich nach wie vor anderer Auffassung als der BGH.

Pauschalen

(allgemeine Unkosten, Ummeldekosten, fiktive Schätzkosten)

Im Zusammenhang mit einer Unfallregulierung entstehen die verschiedensten Kosten, die zwar zunächst nur wie Kleinbeträge erscheinen, sich aber durchaus summieren können, z.B. für Telefonate mit der gegnerischen Versicherung, dem Rechtsanwalt, der Werkstatt, dem Abschleppunternehmer usw. Auch Portokosten für die Korrespondenz mit der Versicherung und Fahrtkosten mit Bus oder Bahn zur und von der Reparaturwerkstatt gehören dazu.

Die meisten Unfallgeschädigten machen sich nicht die Mühe, diese Einzelpositionen zu notieren oder gar hierüber, soweit das überhaupt möglich ist, Belege zu sammeln.

Aus dieser Erkenntnis heraus wurde von der Rechtsprechung im Zusammenhang mit einer Unfallregulierung eine sog. Unfallkostenpauschale anerkannt. Auch ohne Nachweis wird demnach ein bestimmter Betrag für den Ersatz derartiger „Klein-Unkosten" als Schadensbetrag anerkannt.

Die derzeitige Untergrenze für die Unkostenpauschale liegt seit einigen Jahren bei DM 30,–. Viele Versicherungen akzeptieren inzwischen auch einen Betrag in Höhe von DM 40,–, wie gesagt, ohne jeden Nachweis.

Manche Versicherungen haben immer wieder den Versuch unternommen, bei relativ geringer Schadenshöhe (beispielsweise reiner Blechschaden in der Größenordnung von DM 1.000,–) die Unkostenpauschale mit der Begründung zu kürzen, diese müsse in angemessener Relation zur Fahrzeugschadenhöhe stehen.

Diese Argumentation ist unsinnig. Auch ein Unfall mit geringer Schadenshöhe erfordert im Durchschnitt genauso viele Telefonate, Porto etc. wie ein wesentlich teuerer Unfallschaden. Auf eine solche Argumentation der Versicherung sollten Sie sich erst gar nicht einlassen.

Tip

Wenn im Einzelfall die angefallenen Positionen die Höhe der Pauschale nennenswert überschreitet, bleibt Ihnen als Geschädigtem nichts anderes übrig, als den Versuch einer Einzelaufstellung unter der Beifügung von Belegen zu unternehmen, um Ersatz in entsprechender Höhe zu bekommen.

Weder unter die Unkostenpauschale noch eine sonstige Position der Schadensregulierung läßt sich aber der eigene Zeitaufwand des Geschädigten „packen", den dieser damit verbringt, Schadensformulare auszufüllen, sich mit seinem Anwalt zu besprechen, Verhandlungen in der Werkstatt zu führen oder sich gar um ein Ersatzfahrzeug zu kümmern. Für diesen Zeitaufwand erhält der Geschädigte nichts!

Hat das Fahrzeug → *Totalschaden* erlitten, dann muß es abgemeldet und ein Ersatzfahrzeug wieder neu angemeldet werden. Viele Geschädigte vergessen, die hierfür anfallenden Gebührenbescheide der Zulassungsstellen etc. bei der Schadensregulierung mitvorzulegen und auf diese Art die Ummeldekosten, die Teil des ersatzpflichtigen Schadens sind, geltend zu machen. Haben Sie solche Belege nicht oder nicht mehr, können Sie im Totalschadensfall eine „Ummelde-Pauschale" in Ansatz bringen. Eine solche Pauschale wird bis zur Höhe von ca. DM 80,– ohne weitere Nachweise von den Versicherern anerkannt.

Immer wieder wurde und wird versucht, fiktive (tatsächlich also nicht angefallene) Kosten für ein Schätzgutachten hinsichtlich des in Aussicht genommenen Ersatzfahrzeuges mit einem Pauschalbetrag von DM 100,– bis DM 120,– bei der Schadensregulierung geltend zu machen. Die Rechtssprechung war diesbezüglich uneinheitlich. Die Tendenz geht heute dahin, solche fiktiven Sachverständigenkosten im Zusammenhang mit einer Ersatzfahrzeug-Beschaffung nicht zuzusprechen.

Personenschaden

Von Personenschaden (im Gegensatz zu Sachschaden) spricht man dann, wenn bei einem Unfall ein Mensch getötet oder verletzt worden ist. Alle Schadenersatzansprüche, die sich daraus ergeben, werden unter dem Begriff des Personenschadens zusammengefaßt. Wir verweisen hierzu insbesondere auf die Stichworte

→ *Heilungskosten,* → *Schmerzensgeld,* → *Unterhalt,* → *Verdienstausfall*

Pflichtversicherung

Im privaten Bereich muß in der Regel jeder für sich selbst entscheiden, ob er sich gegen ein bestimmtes Risiko versichern will oder nicht. So kann man beispielsweise eine Rechtsschutz-, Hausrat- oder Lebensversicherung abschließen, man kann es aber auch bleiben lassen.

Anders sieht es in einigen wenigen Bereichen aus, in denen der Gesetzgeber eine Pflicht zum Abschluß einer Haftpflichtversicherung festgelegt hat. Dazu gehört die Pflichtversicherung für Kraftfahrzeuge.

Mit Ausnahme von langsam fahrenden Kraftfahrzeugen sowie Behördenfahrzeugen muß daher für jedes Kraftfahrzeug, das auf bundesdeutschen Straßen unterwegs ist, eine Haftpflichtversicherung mit Mindestdeckungssummen von DM 1 Million für Personenschäden, DM 400.000,– für Sachschäden und DM 40.000,– für sonstige reine Vermögensschäden abgeschlossen sein. Nach dem Pflichtversicherungsgesetz, teilweise in Verbindung mit Bestimmungen des Versicherungsvertragsgesetzes, muß der Kfz-Haftpflichtversicherer dem Geschädigten gegenüber auch dann Schadenersatz leisten, wenn die Versicherung selbst im Verhältnis zum eigenen Versicherungsnehmer ganz oder teilweise von der Leistung frei ist, z.B. weil der Versicherte keine Schadensanzeige vorlegt, die Prämie nicht bezahlt hat o.ä.

Selbst wenn das Versicherungsverhältnis beendet ist, haftet die Versicherung noch einen weiteren Monat, nachdem sie der Kfz-Zulassungsstelle die vorgeschriebene Mitteilung über den Wegfall des Versicherungsschutzes gemacht hat.

Und besonders wichtig: Der Geschädigte hat einen Direktanspruch gegen die gegnerische Haftpflichtversicherung. Das ist in der Praxis von besonderer Bedeutung, weil damit sichergestellt ist, daß der Geschädigte sich erst gar nicht wegen der Schadensregulierung mit dem oft uneinsichtigen oder nur teilweise ersatzbereiten Schädiger auseinandersetzen muß, sondern seine Ansprüche direkt bei dessen Versicherung zur Regulierung anmelden kann. Damit wird in vielen Fällen eine völlig unnötige Auseinandersetzung zwischen Schädiger und Geschädigtem darüber vermieden, wie hoch tatsächlich der Schaden ist, ob der Schädiger eine →*Unkostenpauschale* oder →*Wertminderung* zu zahlen hat oder auch über das gar nicht so selten anzutreffende Ansinnen eines Schädigers, dem Geschädigten die Inanspruchnahme eines →*Mietwagens* mit der Begründung zu verweigern, er könne ja in der Reparaturzeit mit dem Uralt-Käfer der Ehefrau des Schädigers herumfahren.

Auch wenn der Unfallverursacher erklärt, er wolle den Schaden „aus eigener Tasche“, also ohne Inanspruchnahme seiner Versicherung, bezahlen (beispielsweise um seinen →*Schadenfreiheitsrabatt* zu erhalten), braucht sich niemand darauf einzulassen. Als Geschädigter sollten Sie keine Hemmungen haben, sich über derartige Wünsche des Unfallverursachers schlicht hinwegzusetzen. Wenn dieser seinen Schadenfreiheitsrabatt „retten“ will, kann er den Schaden immer noch bei seiner eigenen Versicherung „zurückkaufen“ (→*Schadenfreiheitsrabatt*).

Jeder Unfallbeteiligte ist verpflichtet, dem anderen gegenüber Angaben über die Haftpflichtversicherung des eigenen Fahrzeuges zu machen und den Schaden sofort der Versicherung zu melden. Wer dies nicht tut, läuft zumindest theoretisch Gefahr, den Versicherungsschutz zu verlieren!

Trotz dieser Verpflichtung kommt es immer wieder vor, daß die Bekanntgabe der eigenen Haftpflichtversicherung verweigert wird.

Eine solche Weigerung ist völlig unsinnig, weil schon anhand des Kraftfahrzeugkennzeichens die zuständige Haftpflichtversicherung über verschiedene Wege ermittelt werden kann. Hier gibt es zum einen die sog. Halterauskünfte über die jeweils zuständige Kfz-Zulassungsstelle, die bei einer (schriftlichen) Anfrage auch die betreffende Haftpflichtversicherung bekannt gibt.

Der Weg über die Zulassungsstelle ist dann erforderlich, wenn nicht einmal der Name des Halters und dessen vollständige Anschrift bekannt sind oder zwar Name und Anschrift des Fahrers, nicht jedoch der des Fahrzeughalters.

Kennt man nicht nur das Kennzeichen, sondern auch den Namen und die Anschrift des Fahrzeughalters, gibt es die wesentlich einfachere Methode, die Versicherung des Gegners über den →*Zentralruf der Versicherer* zu erfahren.

Tip

Nochmals der Hinweis: Das Wichtigste, was man sich nach einem Unfall merken muß, ist das amtliche Kennzeichen des gegnerischen Fahrzeugs!
Wichtig auch: Der Geschädigte muß, um den Direktanspruch zu erhalten, seine Ansprüche innerhalb von zwei Wochen gegenüber der gegnerischen Versicherung anmelden.

Im übrigen: Die Angaben gegenüber den Versicherungen müssen wahr sein. Wer die fremde Versicherung „belügt“, ist auf dem besten Wege zum Versicherungsbetrug; wer die eigene „belügt“, läuft Gefahr, den Versicherungsschutz zu verlieren!

Polizei

Nach den meisten Unfällen wird die Polizei schon von Zeugen, Anwohnern oder Passanten verständigt, und zwar ohne daß die Unfallbeteiligten hierum gebeten hätten. Ist das nicht der Fall, stellt sich besonders bei reinen Blechschäden die Frage, ob man die Polizei rufen soll oder nicht.

Man muß sich darüber im klaren sein, daß die Polizei bei relativ geringem Schadensumfang (bis ca. DM 3.000 geschätzter Schaden und keine Verletzten) sowieso keine eigentliche Unfallaufnahme (→*Beweise*) durchführt.

Bei derartigen Kleinstunfällen (im Polizeijargon A-Unfälle genannt) haben die Beteiligten auch keinen Anspruch darauf. Die Polizei ist nicht dazu da, Unfallspuren zu sichern oder Unfallskizzen anzufertigen, damit die Beteiligten später ihre Schadenersatzansprüche durchsetzen können.

Der „Ruf nach der Polizei“ bringt bei vielen A-Unfällen für einen oder auch beide Unfallbeteiligte eine unangenehme Überraschung: Die Polizei führt zwar keine Unfallaufnahme durch, verhängt aber gegen einen oder beide Unfallbeteiligten eine →*Verwarnung* oder leitet ein →*Bußgeldverfahren* ein.

Damit ist die zivilrechtliche Schadenersatzhaftung aber noch längst nicht geklärt (→*Strafantrag*). Denn: Auch wenn nur Ihr Unfallgegner verwarnt wird oder einen Bußgeldbescheid erhält, ist damit noch lange nicht entschieden, daß Sie Ihrerseits vollen Schadenersatz bekommen werden (→*Haftung*, →*Mitverschulden*). Daher: Bei Kleinstunfällen sollte man die Spuren selbst sichern und den Unfallhergang soweit wie möglich unter den Beteiligten klären (→*Beweise*, →*Schuldanerkenntnis*).

Kommt die Polizei in solchen Fällen hinzu, kann die Erklärung der Beteiligten, man habe sich untereinander bereits geeinigt, durchaus dazu führen, daß die Polizei wieder abrückt. Sie befaßt sich dann nicht näher mit dem Hergang, verhängt insbesondere keine Verwarnung oder leitet kein Bußgeldverfahren ein.

Man sollte sich erst recht mindestens zweimal überlegen, die Polizei wegen eines reinen Blechschadens hinzuziehen, wenn man selbst auch noch so geringe Mengen →*Alkohol* genossen hat.

Nimmt die Polizei den Unfall auf, sind die Unfallspuren, Unfallskizzen, Fotos etc. für die spätere Schadensregulierung selbstverständlich nützlich. Wenn es dabei Probleme gibt, muß man über einen →*Rechtsanwalt* →*Akteneinsicht* nehmen.

Hat aber einer der Unfallbeteiligten nicht nur ganz geringfügige Verletzungen erlitten, empfiehlt es sich normalerweise immer, die Polizei hinzuziehen.

Diese Empfehlung gilt ebenfalls, wenn im Ausland zugelassene Fahrzeuge (→*Ausländer*) oder →*Militärfahrzeuge* am Unfall beteiligt sind oder →*Wildschaden* vorliegt.

Tip

Besteht einer der Beteiligten darauf, daß die Polizei geholt wird, sollte der andere dies tunlichst akzeptieren. Entfernt er sich nämlich, läuft er Gefahr, wegen →*Unfallflucht* angezeigt zu werden.

Erscheint die Polizei – gerufen oder ungerufen –, sollte man sich über sein →*Aussageverweigerungsrecht* sowie das →*Zeugnisverweigerungsrecht* der Angehörigen bewußt sein.

Radfahrer

→ *Fußgänger*

Rechtsanwalt

Je eher Sie nach einem Unfall einen Anwalt beauftragen, desto besser.

Daß die Verteidigung in →*Bußgeldverfahren* oder →*Strafverfahren* Anwaltssache ist, ist für viele selbstverständlich.

Dasselbe gilt aber auch für die Unfallschadensregulierung, wenn man bedenkt, welche Probleme sich im Zusammenhang mit →*Schmerzensgeld*, →*Unterhalt*, →*Mitverschulden* und vielen anderen Einzelgesichtspunkten ergeben können.

Der Anwalt wird Sie auch darauf hinweisen, daß Sie möglicherweise nicht mit einem vollen Schadenersatz aus Gründen rechnen können, die dem unfallbeteiligten Laien sonst nicht ersichtlich sind (→*Haftung*). Er wird Sie insbesondere über die Risiken bei der Inanspruchnahme eines →*Mietwagens* oder einer →*Unfallfinanzierung* beraten und alle Schadenpositionen, auf deren Ersatz Sie Anspruch haben, für Sie geltend machen.

Hinsichtlich der beim Anwalt anfallenden Gebühren brauchen Sie sich im Regelfall (vollständige Unterrichtung des Anwalts durch Sie vorausgesetzt) ebenfalls keine Gedanken zu machen. Die im Zusammenhang mit der Schadensregulierung entstehenden Anwaltsgebühren sind Teil Ihres Schadens und somit von der gegnerischen Versicherung zu ersetzen. Das ist inzwischen anerkannt und gilt auch dann, wenn sich die Schadensregulierung nachher als völlig unproblematisch herausstellt.

Daher ist es in vielen Fällen auch nicht notwendig, bei einer eventuell bestehenden →*Rechtsschutzversicherung* von vornherein eine Deckungszusage für die Geltendmachung der Schadenersatzansprüche zu verlangen.

Rechtsbeschwerde

→ *Bußgeldverfahren*

Rechtsschutzversicherung

Ob eine Rechtsschutzversicherung tatsächlich **notwendig** ist, darüber mag man streiten – nützlich ist sie allemal, auch und gerade im Zusammenhang mit Verkehrsunfällen und ihren Folgen.

Grundsätzlich ist eine Rechtsschutzversicherung niemals eintrittspflichtig bei der **Abwehr** von Schadenersatzansprüchen im Zusammenhang mit einem Verkehrsunfall. Das ist ausschließlich Sache des Kfz-Haftpflichtversicherers! Ihre Rechtsschutzversicherung (so Sie eine abgeschlossen haben) ist im Gegensatz dazu eintrittspflichtig für die Kosten der **Geltendmachung** Ihrer eigenen Schadenersatzansprüche gegenüber den anderen Unfallbeteiligten.

In vielen Fällen ist es jedoch überflüssig, die Rechtsschutzversicherung sofort einzuschalten und um Kostendeckung für die Geltendmachung von Schadenersatzansprüchen aus einem Unfall nachzusuchen. Die Ihnen entstehenden Anwaltskosten sindTeil Ihres Schadens und somit, eindeutige Haftung vorausgesetzt, von der gegnerischen Haftpflichtversicherung mitzuübernehmen.

Wird allerdings um Haftungsquoten (→*Haftung*) oder den Mitverschuldenseinwand (→*Mitverschulden*) gestritten oder geht es, insbesondere bei der Frage des →*Schmerzensgeldes*, um die Höhe des Schadens, fällt der Entschluß, sich auf einen Prozeß mit der gegnerischen Versicherung einzulassen, natürlich umso leichter, wenn man das Prozeßkostenrisiko nicht selbst zu tragen, sondern hierfür eine Rechtsschutzversicherung im Rücken hat.

Vorsicht: Prozessieren ohne „Rücksicht auf Verluste" (der Rechtsschutzversicherung) kann Sie teuer zu stehen kommen!

Tip

Nach den Bedingungen der Rechtsschutzversicherungen sind kostenauslösende Maßnahmen, wie z.B. eine Klageerhebung, **vorher** mit der Rechtsschutzversicherung abzustimmen. Im Zweifel also: Vorher Kostendeckung, insbesondere für die gerichtliche Geltendmachung, bei Ihrer Rechtsschutzversicherung einholen bzw. durch Ihren Anwalt einholen lassen.

Nebenbei: Das Einholen einer Kostendeckungszusage stellt eine eigene, gebührenpflichtige Tätigkeit des Rechtsanwalts dar. Viele Anwälte betrachten dies als „Service am Mandanten" und erheben hierfür keine zusätzlichen Gebühren. Vorsichtshalber sollten Sie sich aber insoweit vergewissern.

Die Rechtsschutzversicherung zahlt auch die Verteidigerkosten (Anwaltskosten), wenn im Zusammenhang mit einem Verkehrsunfall gegen Sie der Vorwurf einer **Ordnungswidrigkeit** (z.B. Verstoß gegen die Straßenverkehrsordnung) erhoben wird (→*Bußgeldverfahren*).

Des weiteren übernimmt die Rechtsschutzversicherung die Anwaltskosten für die Verteidigung in **Verkehrsstrafsachen** (→*Strafverfahren*). Hier ist allerdings eine wichtige Einschränkung zu machen: Sobald eine Verurteilung wegen einer Vorsatztat erfolgt (also z.B. wegen vorsätzlicher Straßenverkehrsgefährdung, Unfallflucht oder Fahrens ohne Fahrerlaubnis), ist die Rechtsschutzversicherung „aus dem Schneider". Bedingungsgemäß entfällt dann die Kostenübernahmeverpflichtung, ggf. auch rückwirkend. Eintrittspflichtig ist die Rechtsschutzversicherung nur in den Fällen, in denen Ihnen Fahrlässigkeit in einem eventuellen Urteil bescheinigt wird (fahrlässige Körperverletzung, fahrlässige Tötung, fahrlässige Straßenverkehrsgefährdung usw.). Zahlen muß sie aber auch bei Einstellung des Verfahrens.

Übernimmt die Rechtsschutzversicherung die Kosten Ihrer Verteidigung und sei es „nur" in einem Bußgeldverfahren, haben Sie leicht einige Jahresprämien wieder eingespart. Eine Verteidigung in einem Bußgeldverfahren kann ohne weiteres, auch wenn es um relativ geringe Geldbußen geht, mehrere hundert DM kosten, beim Vorwurf der fahrlässigen Körperverletzung kommen für die Verteidigung schnell zwischen DM 700,– und DM 1.000,– zusammen (ohne Gerichts-, Sachverständigen- und Zeugenkosten).

Eine Rechtsschutzversicherung hat darüber hinaus den Vorteil, daß sie für den Fall einer Verurteilung wegen einer Verkehrsstraftat oder -ordnungswidrigkeit auch die sonstigen Verfahrenskosten übernimmt.

Hält man sich vor Augen, daß ein verkehrstechnisches Sachverständigengutachten zur Unfallrekonstruktion oder ein Blutalkoholgutachten wiederum gleich mehrere hundert DM kostet, sind die Jahresprämien für eine Rechtsschutzversicherung vielleicht doch nicht so überhöht, wie man auf Anhieb meinen möchte.

Regreß (Rückgriff der Versicherung)

Viele fürchten nach einem von ihnen verschuldeten Unfall einen Regreß der eigenen Haftpflichtversicherung, die an einen Geschädigten hat zahlen müssen.

Diese Furcht ist in nahezu allen Fällen unbegründet. Die Kraftfahrzeughaftpflichtversicherung muß den angerichteten Schaden, und sei er noch so grob fahrlässig verursacht worden, bis zur Deckungssumme bezahlen, ohne sich das Geld auch nur teilweise beim eigenen Versicherungsnehmer zurückholen zu können. Soweit die Regel. Natürlich gibt es auch hiervon wieder Ausnahmen:

Ist der Versicherungsschutz, z.B. wegen Nichtzahlung der Prämie, erloschen, haftet die Versicherung noch für eine gewisse Zeit Dritten gegenüber aufgrund der sogen. Nachhaftung. Sie holt sich aber das Geld von ihrem (früheren) Versicherungsnehmer zurück.

Für vorsätzliches Handeln, also die bewußte und gewollte Schadenszufügung, tritt aber keine Haftpflichtversicherung ein.

Bedenken muß man auch, daß die Haftpflichtversicherung immer nur bis zur Grenze der vereinbarten Deckungssummen (→*Pflichtversicherungsgesetz*) eintritt. In diesem Zusammenhang sollte man überlegen, ob man nicht eine Haftpflichtversicherung mit unbegrenzter Deckungssumme, die für einen nur relativ geringen Mehrbeitrag abgeschlossen werden kann, wählt.

Regreß kann die Versicherung auch nehmen, wenn sie vom eigenen Versicherungsnehmer im Zusammenhang mit dem Schaden falsch informiert wird. Ihre Versicherung hat Anspruch auf vollständige und wahrheitsgemäße Information. Belügen Sie Ihre Versicherung, indem Sie z.B. vorausgegangenen Alkoholgenuß verschweigen, wird die Versicherung ganz schnell leistungsfrei. Das heißt, Zahlungen an Geschädigte kann sie sich bei Ihnen zurückholen. Anders ausgedrückt: Wer lügt, zahlt am Ende selbst – jedoch nicht mehr wie früher in unbeschränkter Höhe, also in Höhe des tatsächlichen von der Versicherung gezahlten Schadenersatzes, sondern beschränkt bis zu einem Höchstbetrag von DM 5.000,–.

Wer beispielsweise →*Unfallflucht* begeht und anschließend ermittelt wird, wird bis zu diesem Betrag über den Umweg des Versicherer-Regresses den Schaden des Geschädigten selbst bezahlen müssen.

Tip

Macht Ihre eigene Haftpflichtversicherung Ihnen gegenüber Regreßansprüche geltend, sollten Sie schleunigst einen →*Rechtsanwalt* aufsuchen. In vielen Fällen kann der Regreß doch noch vermieden bzw. reduziert oder wenigstens eine Ratenzahlung vereinbart werden.

Regulierungsverbot

Viele Fahrzeughalter wissen nicht, daß sie durch den Versicherungsvertrag mit ihrer eigenen Haftpflichtversicherung dieser sehr weitgehende Befugnisse nach den „Allgemeinen Bedingungen für die Kraftfahrzeugversicherung" (AKB) einräumen (müssen).

Werden Sie nach einem Unfall mit Schadenersatzansprüchen konfrontiert, entscheidet Ihre eigene Haftpflichtversicherung (→ *Pflichtversicherung*) darüber, ob überhaupt und wenn ja, in welchem Umfang die gegen Sie (und damit gegen Ihre Haftpflichtversicherung) geltend gemachten Ansprüche befriedigt werden. Sie tut dies auch, wenn das auf Kosten **Ihres** → *Schadenfreiheitsrabattes* und damit Ihrer Versicherungsprämien geht. Das ist auch der Fall, wenn Sie selbst absolut nicht einsehen mögen, daß Ihr Unfallgegner auch nur einen Pfennig erhält.

Die Kehrseite dieser Medaille: Weigert sich die Haftpflichtversicherung, den Schaden Ihres Unfallkontrahenten ganz oder teilweise zu regulieren und kommt es daraufhin zu einem Prozeß, in dem im Regelfall auch Sie als Kraftfahrzeughalter (und zusätzlich noch der Fahrer, falls Sie nicht selbst gefahren sind) zusammen oder auch ohne Ihre Haftpflichtversicherung verklagt werden, so muß Ihre Haftpflichtversicherung Ihnen Rechtsschutz für diesen „Abwehrprozeß" gewähren. Sie muß also den Anwalt bezahlen, der Ihre Interessen (mit-)vertritt, Gerichts- und Sachverständigenkosten übernehmen usw., falls der Prozeß verlorengeht.

Diese Pflicht zur Rechtsschutzgewährung hat einen Schönheitsfehler: Die Versicherung bestimmt letzten Endes nicht nur, ob und in welchem Umfange ein Prozeß aufgenommen wird, sie bestimmt auch, welcher Anwalt beauftragt wird. Die meisten Haftpflichtversicherungen akzeptieren zwar diesbezügliche Wünsche ihrer Versicherungsnehmer, manche bestehen aber darauf, den „Hausanwalt" der Versicherung zu beauftragen. Das müssen Sie akzeptieren, wenn Sie keine zusätzlichen Kosten für den Anwalt Ihres Vertrauens aufwenden wollen.

Trotz der insoweit eindeutigen Entscheidungsbefugnis der Haftpflichtversicherung, legen es manche Versicherungsnehmer auf eine Auseinandersetzung mit der eigenen Haftpflichtversicherung über Zahlungen an einen Unfallgegner an. Sie erteilen dann der eigenen Versicherung ein „Regulierungsverbot".

Obwohl sie dies nicht müssen, sind viele Versicherer bereit, ein solches Regulierungsverbot des eigenen Versicherungsnehmers zu respektieren – aber zu welchem Preis!

Wenn Sie Ihrer eigenen Versicherung Zahlungen an einen Unfallgegner verbieten und der Gegner daraufhin klagt, tragen **Sie** (und nicht mehr wie sonst Ihre Haftpflichtversicherung) das gesamte Prozeßkostenrisiko. Sie können sich in einem solchen Falle auch nicht damit trösten, daß Sie ja „rechtsschutzversichert" seien. Denn: Die → *Rechtsschutzversicherung* ist **nicht** eintrittspflichtig, wenn es um die Abwehr derartiger Schadenersatzansprüche, die Ihnen gegenüber geltend gemacht werden, geht.

Tip

Das „Regulierungsverbot" sollten Sie sich also wirklich gründlich überlegen!

Reparaturkosten

Die vielleicht überraschend üppige Höhe der Reparaturkosten für Ihr beschädigtes Fahrzeug bemerken Sie spätestens dann, wenn Ihnen nach ausgeführter Reparatur die Rechnung vorgelegt wird.

Tip

Aber Vorsicht: Ehe Sie nach einem Unfall eine Reparatur ins Blaue hinein in Auftrag geben nach dem Motto: „Der andere muß ja zahlen", sollten Sie zumindest einen Kostenvoranschlag, wenn nicht ein Sachverständigengutachten erstellen lassen. Mehr dazu unter dem Stichwort → *Sachverständiger* und → *Totalschaden*.

Hat Ihre alte Rostlaube durch den Unfall nur einige Falten zusätzlich erhalten, sollten Sie lieber nicht darauf spekulieren, auf Kosten der gegnerischen Versicherung Ihr gutes Stück in einen Liebhaberzustand zurückversetzt zu bekommen. Die Versicherung wird sich in einem solchen Fall – zurecht – von der knauserigen Seite zeigen und auf Totalschadensbasis abrechnen (→ *Totalschaden*).
Man sollte lieber auch nicht versuchen, die bereits vorhandenen Vorschäden im – angeblich unfallbedingten – Reparaturaufwand zu verstecken. Das wird hier und da von besonders „kundenfreundlichen" Reparaturwerkstätten versucht, insbesondere wenn kein Sachverständiger eingeschaltet wird. Vorsicht: Die Grenze zum (versuchten) Betrug ist hier nur allzuleicht überschritten.

Im Regelfall entspricht die spätere Reparaturrechnung in etwa dem Kostenvoranschlag bzw. dem Sachverständigengutachten. Dennoch kommt es immer wieder vor, daß eine Reparaturrechnung wesentlich höher ausfällt, als das Sachverständigengutachten veranschlagt hatte. Dann wird die gegnerische Versicherung im Zweifel einen Prüfbericht vom → *Sachverständigen* verlangen. Der muß dann anhand der Materialscheine etc., insbesondere aber ausgebauter Teile überprüfen, ob hier Dinge repariert worden sind, die mit dem Unfall nichts zu tun hatten, oder ob es sich tatsächlich um unfallbedingte Aufwendungen handelte, die auf Anhieb bei der Sachverständigenschätzung (bei der das Fahrzeug normalerweise ja noch unzerlegt ist) nicht erkannt werden konnten.

Ab und zu taucht bei einer Versicherungsabrechnung, aber auch bei Sachverständigengutachten, der Begriff „Abzüge neu für alt" auch im Zusammenhang mit den Reparaturkosten auf. Das ist beispielsweise dann der Fall, wenn bei einem Unfall ein Reifen beschädigt wurde, der gerade noch oder wenig mehr als das gesetzlich vorgeschriebene Mindestprofil aufwies und Sie nunmehr im Zuge der Reparatur einen neuen Reifen erhalten. Fast noch häufiger sind die Fälle, in denen versucht wird, der Versicherung die Kosten für eine Ganzlackierung des Fahrzeugs „aufs Auge zu drücken", obwohl nur ein Kotflügel nachlackiert werden mußte. Würde die Versicherung die entsprechenden Lackierungs- oder Reifenkosten ungekürzt übernehmen, stünde der Geschädigte nach der Reparatur besser da als vorher. Verdienen soll man aber am Unfall nichts. Folglich werden in solchen Fällen die Abzüge „neu für alt" in bestimmter prozentualer Höhe in Ansatz gebracht.

Noch ein wichtiger Hinweis am Schluß: Niemand zwingt Sie, Ihr beschädigtes Fahrzeug tatsächlich auch reparieren zu lassen – selbst wenn ein Sachverständiger die Reparaturkosten berechnet und das Fahrzeug ausdrücklich für reparaturwürdig erklärt hat. Sobald das Sachverständigengutachten vorliegt, ist damit im Regelfall die Höhe Ihres Schadens nachgewiesen. Sie können ohne weiteres das Fahrzeug in verunfalltem Zustand in Zahlung geben und sich ein anderes Fahrzeug kaufen. Sie können aber auch schlicht bei der gegnerischen Versicherung „Kasse machen" und mit den Knitterfalten im Blech weiterherumfahren. Das ist völlig legitim. Die Versicherung muß im übrigen auch dann die vom Sachverständigen ermittelten Reparaturkosten in voller Höhe bezahlen, wenn Sie das Fahrzeug viel billiger in einer Hinterhof-Klitsche mehr oder weniger fachgerecht (teil-)instandsetzen lassen oder gar als begnadeter Heimwerker selbst Hand ans Blech legen. Ob und wo und wie Sie reparieren, geht den Schädiger und damit dessen Versicherung nichts an. Gezahlt werden muß trotzdem.

Restwert

Der sog. Restwert eines Fahrzeugwracks, an dem → *Totalschaden* eingetreten ist, gibt häufig Anlaß zu Auseinandersetzungen mit der Versicherung.

In einem Totalschadensgutachten hält der → *Sachverständige* nicht nur den Wiederbeschaffungswert des Fahrzeuges vor dem Unfallzeitpunkt fest, sondern gibt auch den Wert an, den das Fahrzeugwrack jetzt noch hat. Wiederbeschaffungswert abzüglich Restwert ergibt dann den Fahrzeugschaden.

Die Versicherer sind daher immer daran interessiert, den Restwert des Fahrzeuges möglichst hoch angesetzt zu sehen, da sich entsprechend der Fahrzeugschaden „unter dem Strich" verringert. Der Geschädigte wiederum hat ein Interesse daran, den Restwert so gering wie möglich angerechnet zu erhalten, sich insbesondere Beträge, die über den vom Sachverständigen festgestellten Restwert hinausgehen, nicht am Fahrzeugschaden in Abzug bringen zu lassen.

Obwohl dieser Punkt häufig umstritten ist, gibt es relativ wenig Urteile hierzu.

Wir meinen folgendes: Bei einer Haftpflichtschadensregulierung hat die gegnerische Versicherung den Restwert zu akzeptieren, den ein Sachverständiger in seinem Gutachten festgelegt hat. Schließlich richtet sich die Versicherung ja auch nach dem vom gleichen Sachverständigen angegebenen Wiederbeschaffungswert. Ein Sachverständigengutachten ist insoweit als Einheit anzusehen. Will die Versicherung den Restwertbetrag nicht akzeptieren, muß sie ein Gegengutachten sowohl für den Wiederbeschaffungs- wie für den Restwert erstellen lassen.

Gelingt es dem Geschädigten, für das Fahrzeugwrack mehr zu erlösen, als der Sachverständige im Gutachten angegeben hat, kommt dieser Mehrerlös der gegnerischen Haftpflichtversicherung **nicht** zugute. Besonderes Verhandlungsgeschick des Geschädigten bei der Verwertung des Schrotthaufens oder besondere Mühe, die sich der Geschädigte dadurch macht, daß er das Wrack in Einzelteilen verkauft, kann nicht zu einer Entlastung des Schädigers (bzw. seiner Haftpflichtversicherung) führen. Wir meinen, daß es die gegnerische Versicherung nichts angeht, für wieviel das Wrack tatsächlich verkauft wurde. Konsequenterweise müssen entsprechende Fragen der Versicherung erst gar nicht beantwortet werden.

In dieser Richtung hat sich auch der Bundesgerichtshof in einem Urteil aus dem Jahre 1976 einmal geäußert, ohne diese Frage jedoch tatsächlich endgültig und verbindlich entschieden zu haben.

Anders sieht die Sache aus, wenn es um eine Unfallregulierung gegenüber der eigenen Vollkaskoversicherung (→ *Kaskoversicherung*) geht. Anders deshalb, weil der Versicherungsnehmer gegenüber seiner Vollkaskoversicherung keinen Schadenersatzanspruch geltend machen kann, sondern einen Anspruch aus einem Versicherungsvertragsverhältnis hat. Hier muß der Vollkaskoversicherte seiner Versicherung zutreffende Auskunft darüber geben, was er für das Unfallfahrzeug tatsächlich noch erlösen konnte. Wenn er im Zusammenhang mit der Neuanschaffung eines Fahrzeugs bei seinem Autohaus einen (versteckten) Neuwagen-Rabatt über den Umweg der Höherbewertung des in Zahlung genommenen Unfallfahrzeugs erhält, muß dies der Vollkaskoversicherung gegenüber notfalls nachgewiesen werden.

Sachschaden

Abgesehen von den Schadenspositionen, die jeweils unter einem eigenen Stichwort behandelt werden, nämlich: → *Abschleppkosten*, → *Mehrwertsteuer*, → *Mietwagen*, → *Nutzungsausfall*, → *Pauschalen*, → *Rechtsanwaltskosten*, → *Reparaturkosten*, → *Schadenfreiheitsrabatt*, → *Standgeld*, → *Unfallfinanzierung*, → *Wertminderung*, werden häufig bei einem Unfall im Fahrzeug mitgeführte Geräte oder Gegenstände beschädigt. Es entsteht z.B. Schaden an der Kleidung, die entweder neu beschafft oder wenigstens gereinigt werden muß. Das Warndreieck verschwindet, die ursprünglich vorhandenen Schonbezüge kommen abhanden, Schmuck oder Uhren werden beschädigt usw.

Für all diese zusätzlichen Schadenspositionen ist ebenfalls Ersatz zu leisten. Man muß den eingetretenen Schaden aber dem Grunde und der Höhe nach auch beweisen können.

Grundsätzlich gilt: Der Geschädigte muß vermögensmäßig so gestellt werden, wie er ohne den Unfall gestanden hätte – er darf aber am Unfall auch nicht „verdienen". Daher muß man sich beispielsweise beim Kleiderschaden oder einer beschädigten Uhr Abzüge „neu für alt" gefallen lassen. Das bedeutet, für eine drei Jahre alte, beim Unfall zerrissene Jeans erhalten Sie nicht den Neupreis, sondern nur einen Teilbetrag hiervon, da diese Jeans ja auch nicht ewig gehalten hätte.

Sachverständiger

Als Geschädigter müssen Sie gegenüber der gegnerischen Versicherung die Höhe des Ihnen entstandenen Schadens nachweisen.

Am einfachsten ist es, einen Kraftfahrzeug-Sachverständigen (Gutachter) mit der Erstellung eines Schadengutachtens zu beauftragen.

Es gibt öffentlich bestellte und vereidigte Kfz-Sachverständige, darüber hinaus Organisationen wie den DEKRA oder auch den TÜV, die solche Schadensgutachten erstellen.

Außerdem haben viele Versicherungsgesellschaften eigene (angestellte) Sachverständige.

Wenn Sie selbst ein Gutachten in Auftrag geben, sei es bei einem freien Sachverständigen oder bei einer der vorgenannten Organisationen, kostet das selbstverständlich Geld. Die Gutachterkosten sind abhängig von der Schadenshöhe, ggf. vom Zeitaufwand für die Schadensermittlung, eventuellen Fahrtkosten etc.

Ein Haftpflichtschadensgutachten kostet im Regelfall etwa zwischen DM 200,– und DM 500,–. Diese Kosten sind Teil Ihres Schadens und grundsätzlich von der gegnerischen Versicherung zu ersetzen. Aber: eben nur grundsätzlich, d.h. nicht immer.

Ist z.B. an Ihrem relativ neuen Fahrzeug nur die Stoßstange eingedrückt, wäre es unverhältnismäßig, diesen Schaden durch einen Sachverständigen mit einem Kostenaufwand begutachten zu lassen, der in etwa den späteren Reparaturkosten gleichkommt.

Tip

Als Faustregel gilt: Bei relativ neuen Fahrzeugen, bei denen der Eintritt eines → *Totalschadens* nicht zu befürchten ist, ist ein Sachverständigengutachten nur dann notwendig und gerechtfertigt, wenn die Schadenshöhe voraussichtlich wenigstens DM 1.000,– beträgt.

Ist der Schaden geringer, begnügen sich die meisten Versicherungen mit der Vorlage eines Reparaturkostenvoranschlages durch eine Fachwerkstatt. Soweit diese Werkstatt Kosten für die Erstellung des Kostenvoranschlages geltend macht, werden die im Regelfall bei einer später auszuführenden Reparatur wieder verrechnet. Ansonsten sind die Kosten für den Kostenvoranschlag von der gegnerischen Versicherung zu tragen.

Tip

Ein Sachverständiger sollte jedoch immer dann hinzugezogen werden, wenn der Schaden erheblich über DM 1.000,– liegt, eine → *Wertminderung* eingetreten sein kann oder aber, wenn zu befürchten ist, daß an Ihrem Fahrzeug möglicherweise → *Totalschaden* eingetreten ist. Bei einem Totalschaden muß der Sachverständige nicht nur die Reparaturkosten ermitteln, sondern auch den Wiederbeschaffungswert sowie den → *Restwert* Ihres Autos. Erst nach Vorliegen dieser Daten kann auch entschieden werden, ob Ihr Fahrzeug vielleicht doch noch „reparaturwürdig“ ist.

Wenn Sie von vornherein damit rechnen müssen, daß Sie auf einem Teil Ihres Schadens „sitzen“ bleiben, z.B. weil Sie ein → *Mitverschulden* am Unfall trifft, sollten Sie die gegnerische Versicherung bitten, einen von ihren Sachverständigen zur Begutachtung des Fahrzeugschadens zu schicken. Ein solches Vorgehen ist für Sie kostenlos.

Wenn Sie selbst einen „freien“ Sachverständigen beauftragen und Ihnen nur eine Schadensersatzquote in Höhe von beispielsweise 50% zusteht, bekommen Sie auch nur 50% der Kosten für das Sachverständigengutachten erstattet.

Viele Geschädigte haben eine Abneigung gegen „Versicherungs-Sachverständige". Die Abneigung ist aber im Regelfall unbegründet, da auch die Versicherungs-Sachverständigen meistens mit denselben Computerprogrammen, Arbeitsrichtwerten und Ersatzteilpreisen der Autohersteller operieren wie die freien Sachverständigen auch. Sollte Ihnen das Versicherungsgutachten vom Ergebnis her nicht tragbar erscheinen, können Sie immer noch zusätzlich einen freien Sachverständigen beauftragen. Kommt der aber zum gleichen Ergebnis wie die Versicherung, laufen Sie Gefahr, seine Kosten nicht ersetzt zu bekommen.

Sachverständige spielen im Zusammenhang mit Unfällen aber nicht nur eine erhebliche Rolle, wenn es um die Höhe des Schadens, sondern auch (sowohl im Schadensersatzprozeß wie auch im Strafprozeß), wenn es um die Unfallrekonstruktion geht. Häufig werden Sachverständige zu einem Gutachten über die Frage aufgefordert, ob der Unfall für einen der Beteiligten vermeidbar gewesen sei oder unabwendbar (→ *Haftung*) war. Derartige Fragen spielen auch im → *Strafverfahren* oft eine wichtige Rolle. Ebenfalls häufig sind Gutachten zur Ausgangsgeschwindigkeit der Unfallfahrzeuge.

Die Sachverständigen können mit Hilfe der verschiedensten Berechnungen Auskunft über viele, einen Prozeß entscheidende Fragen geben – aber nur dann, wenn → *Beweise* (Unfallspuren, Endstand der Fahrzeuge etc.) gesichert wurden. In Abschnitt 3.6., Seite 105 ff., finden Sie einige Berechnungsformeln und Tabellen abgedruckt, die Ihnen Anhaltspunkte dafür geben, was ein Sachverständiger u.a. anhand welcher Daten berechnen kann (Geschwindigkeits-/Weg-Tabelle, Übersicht über die PKW-Bremsverzögerung, Bremsweg/Bremszeittabelle, Geschwindigkeitsrückrechnung aus der Länge der Bremsspur).

Schadenersatz

Damit soll vereinfacht ausgedrückt die Wiederherstellung des Zustandes erreicht werden, der bestehen würde, wenn das schädigende Ereignis nicht eingetreten wäre.

Simples **Beispiel**: Ohne den Unfall stünde das Auto noch in altem Glanz da und hätte sich nicht in einen formlosen Schrotthaufen verwandelt. Ersatz dieses Schadens würde an sich bedeuten, daß der Schädiger das Auto reparieren müßte, um den Zustand „wie vorher" wiederherzustellen.

Das ist alles graue Theorie – gerade in Verkehrsunfallsachen geht es grundsätzlich nicht um Wiederherstellung des ursprünglichen Zustandes, sondern um Zahlung von Geld.

Schadenersatz gibt es für materielle Schäden (→ *Sach-* und → *Personenschaden*). Außerdem werden nach unserem Schadenersatzrecht auch immaterielle Schäden berücksichtigt, und zwar durch Zahlung von → *Schmerzensgeld*.

Zu den materiellen Schäden gehört der eigentliche Fahrzeugschaden und sonstige Sachschäden, beispielsweise beschädigte Kleidungsstücke sowie evtl. Verdienstausfall.

Bei den Personenschäden, wenn also ein Mensch verletzt oder gar getötet wurde, geht es sowohl um materielle Schäden (wie → *Heilbehandlungskosten*, → *Verdienstausfall* etc.) wie auch immaterielle Schäden (→ *Schmerzensgeld*).

Schadensersatz setzt nicht nur voraus, daß man einen Ersatzpflichtigen hat, sondern, daß der auch haften muß.

Grundsätzlich gilt in unserem Schadenersatzrecht: Keine Haftung ohne Verschulden. Dieser Grundsatz ist aber gerade bei Schadenersatzansprüchen im Zusammenhang mit Verkehrsunfällen dadurch zugunsten der Geschädigten durchbrochen, daß vom Gesetzgeber hier eine Gefährdungshaftung, d.h. eine Haftung ohne Verschulden normiert worden ist.

Mehr zum Thema Verschuldens- und Gefährdungshaftung finden Sie unter dem Stichwort → *Haftung*.

Die häufigsten Schadenspositionen haben wir jeweils unter einem eigenen Stichwort abgehandelt. Hier verweisen wir insbesondere auf:

→ *Abschleppkosten*, → *Heilbehandlungskosten*, → *Mehrwertsteuer*, → *Mietwagen*, → *Nutzungsausfall*, → *Pauschalen*, → *Rechtsanwalt*, → *Reparaturkosten*, → *Sachschaden*, → *Sachverständiger*, → *Schadenfreiheitsrabatt*, → *Schmerzensgeld*, → *Standgeld*, → *Totalschaden*, → *Unfallfinanzierung*, → *Unterhalt*, → *Verdienstausfall* und → *Wertminderung*

Schadenfreiheitsrabatt

Von einigen Ausnahmen abgesehen, gibt es für alle Kraftfahrzeuge sowohl in der Haftpflicht- wie auch in der Kaskoversicherung die Einstufung in verschiedene Rabattklassen. Die Höhe der Versicherungsprämie richtet sich danach, in welche Rabattklasse man eingestuft wird. Fährt man unfallfrei, wird man durch Höherstufung in der Schadenfreiheitsklasse und niedrigere Prämien „belohnt"; muß die Versicherung Zahlungen leisten, wird man durch Zurückstufung und höhere Prämien „bestraft".

Sobald ein Schaden der Versicherung gemeldet wird (gleichgültig, ob von Ihnen selbst aufgrund der hierzu bestehenden Verpflichtung oder auch von Ihrem Gegner), wird Ihre Versicherung Sie vorsorglich bereits zurückstufen, auch wenn noch kein Pfennig bezahlt wurde. Das läßt sich nicht ändern. Stellt sich später heraus, daß keine Zahlungen geleistet werden müssen, wird Ihr Versicherungsvertrag auch prämienmäßig wieder auf den alten Stand gebracht.

Um eine Rückstufung im Schadenfreiheitsrabatt zu vermeiden, kann man den Schaden entweder gleich selbst bezahlen oder aber „den Schaden bei der eigenen Versicherung zurückkaufen“. Das bedeutet, daß man der Versicherung die an die Gegenseite gezahlten Aufwendungen erstattet. Frage ist, wann sich das lohnt und wann nicht.

Um Ihnen einen Überblick zu geben, finden Sie in Abschnitt 3.11, Seite 111, die Rabattklassentabelle mit den Rückstufungen abgedruckt. Diese Tabelle kann aber nur einen ersten Anhaltspunkt geben. Wenn Sie wirklich vor der entsprechenden Entscheidung stehen, sollten Sie sich von Ihrer Versicherung im einzelnen berechnen lassen, was für Sie günstiger ist.

In diesem Zusammenhang noch ein wichtiger Hinweis für die Fälle einer „gemischten“ Schadensregulierung, also die Fälle, in denen der Geschädigte sich dazu entscheidet, wegen der Betriebsgefahr (→ *Haftung*) oder eines → *Mitverschuldens* seine Vollkaskoversicherung in Anspruch zu nehmen und nur den verbleibenden Betrag über die gegnerische Haftpflichtversicherung abzuwickeln: Auch die erhöhte Vollkaskoprämie stellt einen Schaden dar, der (quotenmäßig) von der Haftpflichtversicherung des Gegners zu ersetzen ist.

Schadensmeldung

Nur allzu häufig kommt es vor, daß ein Unfallbeteiligter zwar angeben kann, daß er bei der „XY-Versicherung“ versichert ist, aber die Anschrift der zuständigen Regulierungsstelle nicht bei sich hat. Statt dessen wird auf den Versicherungsvertreter verwiesen, dessen Einschaltung für den Geschädigten im Zweifel nur einen unnötigen Zeitverlust bedeutet.

Auch ein Blick ins örtliche Telefonbuch hilft nicht immer weiter, da nicht alle Versicherungen in jeder (Klein-)Stadt mit einer Filial- oder Bezirksdirektion vertreten sein können.

In einem solchen Fall ist es sinnvoll, als Geschädigter seine Schadensmeldung sofort an die Direktion der jeweiligen gegnerischen Versicherung zu senden, die wiederum die zuständige Filial- bzw. Bezirksdirektion einschalten wird.

In Absnitt 4.1, Seite 118, finden Sie ein Anschriftenverzeichnis der Direktionen aller wichtigen Kfz-Haftpflichtversicherer, die in der BRD tätig sind.

Tip

Weiß der andere Unfallbeteiligte nicht einmal, bei welcher Versicherung das von ihm gefahrene Fahrzeug versichert ist, hilft der → *Zentralruf der Versicherer* weiter.

Lassen Sie sich von einem →*Rechtsanwalt* vertreten, wird dieser im Normalfall ein Formular für die Schadensmeldung verwenden. In Abschnitt 3.14, Seite 115, finden Sie einen „Fragebogen für Anspruchsteller" abgedruckt, der auf einer zwischen dem HUK-Verband und dem Deutschen Anwaltverein getroffenen Vereinbarung beruht, um Ihnen zu zeigen, was zu einer vollständigen Schadensmeldung alles gehört. Ähnliche Fragebögen erhalten Sie auch von der gegnerischen Versicherung zugeschickt, wenn Ihre Angaben zunächst unvollständig sind. Bei Mietwagenunternehmen werden den Unfall-Kunden ähnliche Formulare, die aber teilweise nicht vollständig genug sind, vorgelegt.

Welche Angaben müssen Sie (mindestens) bei der Anmeldung eines Schadens gegenüber der gegnerischen Versicherung machen?

An sich reicht es zunächst einmal, wenn Sie Ihren Namen, Anschrift, Kfz-Kennzeichen, die entsprechenden Angaben für den Unfallgegner und Zeit und Ort des Unfalles angeben.

In diesen Fällen werden Sie nach einiger Zeit von der gegnerischen Versicherung ein Schadensformular erhalten, in dem nach weiteren Einzelheiten gefragt wird.

Auf diese Art und Weise entsteht natürlich wieder eine Verzögerung bei der Schadensregulierung, die Sie dadurch vermeiden können, daß Sie von vornherein zusätzliche Angaben machen. Wichtig sind insbesondere Auskünfte über Verletzungen, welche Zeugen (→ *Beweise*) vorhanden sind, ob und wenn ja, welche Polizeidienststelle (→ *Polizei*) den Unfall aufgenommen hat, ob Sie vorsteuerabzugsberechtigt sind (also die → *Mehrwertsteuer* gegenüber dem Finanzamt im Wege des Vorsteuerabzugs geltend machen können), wie alt Ihr Fahrzeug ist, wie viele Kilometer Laufleistung es hat, wieviel Voreigentümer das Fahrzeug hatte, ob bereits ein → *Sachverständiger* beauftragt wurde und ob Ihr Fahrzeug vollkaskoversichert (→ *Kaskoversicherung*) ist.

Wenn die Versicherung diese zusätzlichen Angaben bereits mit der Schadensmeldung erhält und Sie vor allem den Schadenshergang möglichst genau schildern, kann der Schaden um so schneller reguliert werden.

Schadensminderungspflicht

→ *Abschleppkosten*

→ *Mietwagen*

→ *Unfallfinanzierung*

Schmerzensgeld

Deutsche und amerikanische Schmerzensgelder unterscheiden sich in einem wesentlichen Punkt: in der Anzahl der Nullen.

Alles, was Sie über amerikanische Schmerzensgeldklagen gehört oder gelesen haben, sollten Sie schleunigst vergessen, wenn es um die Geltendmachung von Schmerzensgeld in der Bundesrepublik geht.

Um auch dies vorweg ganz deutlich zu sagen: Wenn im Zusammenhang mit einem Verkehrsunfall Schmerzensgeldansprüche zu regulieren sind, sollten Sie damit unbedingt einen → *Rechtsanwalt* beauftragen. Der wird Sie einerseits vor Illusionen bewahren, andererseits der Gegenseite nichts schenken.

Damit Sie aber eher verstehen, was es mit dem Schmerzensgeld auf sich hat, einige Hinweise:

Einen Schmerzensgeldanspruch hat u.a. derjenige, der bei einem Verkehrsunfall eine Körperverletzung erlitten hat – aber nur dann, wenn der andere Unfallbeteiligte den Unfall **verschuldet** hat! Wird der Unfall nur nach den Grundsätzen der Gefährdungshaftung (→ *Haftung*) reguliert, etwa weil die Schuld des anderen nicht zu beweisen ist, gibt es **kein** Schmerzensgeld.

Schmerzensgeld wird als „immaterieller Schaden" bezeichnet, im Gegensatz zu den materiellen Schäden (wie Fahrzeugschaden, Kleiderschaden usw.).

Das Schmerzensgeld soll eine „billige Entschädigung" für erlittene körperliche, seelische und geistige Beeinträchtigungen darstellen und darüber hinaus in gewissem Umfang eine „Genugtuungsfunktion" haben. Diese Genugtuungsfunktion erinnert ein bißchen an Ehrenhändel, Duell im Morgengrauen u.ä., gemeint ist aber eine Art „Entschuldigung in D-Mark" für das zugefügte Unrecht. Die „billige Entschädigung" möchten manche Versicherungen gern wörtlich verstehen. Der altertümliche Ausdruck „billig" ist aber nicht im Sinne von „knickrig, knauserig", sondern im Sinne von „gerecht" zu verstehen.

Was aber ist gerecht? Diese Frage in bezug auf einen Schmerzensgeldanspruch zu beantworten fällt um so schwerer, als man Gesundheit eben nicht kaufen kann, und es keinen objektiven Maßstab für die von jedem einzelnen anders empfundenen, also subjektiven Beeinträchtigungen, Schmerzen, Ängste usw. geben kann.

Die Suche nach der Höhe des „gerechten“ Schmerzensgeldes ist – etwas überspitzt ausgedrückt – dem Stochern mit der langen Stange im Nebel gleichzusetzen. Dabei können Urteile und Regulierungen in vergleichbaren Fällen und erst recht sog. Schmerzensgeldtabellen allenfalls als Orientierungshilfen herangezogen werden. Die wohl „berühmteste“ derartige Schmerzensgeldtabelle ist die von Haacks u.a., die eine Sammlung von (gerichtlichen) Schmerzensgeldentscheidungen enthält. Wenn also im Zusammenhang mit Ihren Schmerzensgeldansprüchen von „Haacks Nr. ...“ die Rede ist, ist damit die entsprechende Entscheidung dieser Schmerzensgeldtabelle gemeint.

Diese Tabelle ist zwar sehr umfangreich, aber nicht umfassend. Zu berücksichtigen ist insbesondere auch, daß nicht veröffentlichte Gerichtsentscheidungen ja nur dadurch in die Tabelle aufgenommen werden können, daß einer der am Prozeß Beteiligten die Entscheidung den Verfassern der Schmerzensgeldtabelle mitteilt – und Mitteilung machen sehr häufig die Versicherungen.

Wenn die Tabelle ins Spiel kommt, muß man sich in jedem Fall immer vor Augen halten, daß es sich hierbei zum einen nicht um ein Evangelium handelt und zum anderen kein Fall dem anderen bis in die letzten Einzelheiten gleicht.

Einige Gerichte und manche Versicherungen versuchen immer wieder, bei geringfügigen Verletzungen, wie z.B. Prellungen, Schürfwunden etc. einen Schmerzensgeldanspruch zu versagen. Auch der Deutsche Verkehrsgerichtstag (die alljährlich stattfindende Veranstaltung der bundesdeutschen Verkehrsrecht-Gurus) hat eine entsprechende Empfehlung ausgesprochen.

Davon ist – jedenfalls nach der derzeitigen Rechtslage – überhaupt nichts zu halten. Das Gesetz billigt auch dem geringfügig Verletzten den Schadenersatzanspruch zu.

Zwar wird um Schmerzensgeld häufiger prozessiert als um die Regulierung materieller Schadenersatzansprüche, dennoch wird auch die überwiegende Anzahl der Verkehrsunfälle, in denen es Verletzte gegeben hat, außergerichtlich erledigt. Gerade wenn es um Schmerzensgeld geht, kann man nur empfehlen, eine außergerichtliche Regulierung anzustreben: Die Gerichte sind nämlich bei der Höhe des Schmerzensgeldes keineswegs immer großzügiger als die Versicherungen bei ihren außergerichtlichen Vergleichsangeboten.

Die Schmerzensgeldregulierung ähnelt manchmal den Verhältnissen in einem orientalischen Basar: Um die Beträge wird mit allen möglichen Argumenten gefeilscht, meistens einigt man sich dann im Wege eines Vergleichs.

Ein schlechter Vergleich ist – folgt man einer angeblichen Juristenweisheit – immer noch besser als ein guter Prozeß. Auf jeden Fall ist er schneller zu bekommen. Vor einem Vergleich muß aber in den Fällen nachdrücklich gewarnt werden, in denen die Gesundheitsbeeinträchtigungen des Geschädigten noch fortbestehen, möglicherweise weitere Operationen o.ä. mit ungewissem Ausgang notwendig werden und Spätfolgen zumindest nicht ganz unwahrscheinlich sind.

Bei feststehenden Dauerschäden gibt es übrigens nicht nur die Möglichkeit einer einmaligen Schmerzensgeldzahlung, durch die auch voraussehbare Beeinträchtigungen in der Zukunft mitabgegolten werden, sondern die Variante der sog. Schmerzensgeldrente.

Geht es um solch gravierende Verletzungen und Spätfolgen, ist der Geschädigte, dem ein Abfindungsvergleich angeboten wird, vor eine schwierige Entscheidung gestellt, die er nur nach eingehender medizinischer und anwaltlicher Beratung treffen sollte.

Ist ein Prozeß um das Schmerzensgeld unvermeidlich geworden, muß sich der Kläger nicht von vornherein auf einen bestimmten Schmerzensgeldbetrag festlegen. Es kann vielmehr in derartigen Fällen ein Schmerzensgeld eingeklagt werden, „dessen Höhe ausdrücklich in das Ermessen des Gerichts gestellt“ wird. Durch einen derartigen unbezifferten Klagantrag vermeidet man insbesondere unnötige Kostenfolgen. Näheres hierzu wird Ihnen ggf. Ihr Rechtsanwalt erklären.

Um überhaupt Schmerzensgeld zu erhalten, müssen die gesundheitlichen Beeinträchtigungen selbstverständlich durch Arztgutachten bewiesen werden können. Sind Sie so schwer verletzt worden, daß Sie stationär in ein Krankenhaus aufgenommen werden mußten, sollten Sie nach Ihrer Entlassung weiterhin regelmäßig in ärztlicher Behandlung zumindest bei Ihrem Hausarzt verbleiben, bis Ihre Verletzungen völlig ausgeheilt sind. Ist von vornherein nur eine ambulante ärztliche Behandlung notwendig, sollten Sie sich lieber einmal zuviel als einmal zuwenig bei Ihrem Arzt vorstellen. Außerdem: Wenn Sie Schmerzensgeld verlangen, müssen Sie selbstverständlich die Sie behandelnden Ärzte von der Schweigepflicht entbinden. Ohne eine solche Entbindung von der Schweigepflicht darf kein Arzt über Ihre Verletzung Auskunft erteilen.

Im Normalfall brauchen Sie sich nicht selbst um die Beschaffung ärztlicher Atteste zu bemühen. Wenn der gegnerischen Versicherung Name und Anschrift des behandelnden Krankenhauses bzw. Arztes bekanntgegeben wird, holt diese von sich aus dort einen sog. Arztbericht ein und übersendet unaufgefordert eine Kopie hiervon an Sie bzw. Ihren Anwalt.

Der Schmerzensgeldanspruch hat bei lebensgefährlichen Verletzungen, die dann zum Tod des Verletzten führen, einen nur als makaber zu bezeichnenden Aspekt. Der Schmerzensgeldanspruch ist nämlich ein sog. höchstpersönlicher Anspruch, der nur dann auf die Erben übergeht, wenn er im Zeitpunkt des Todes des Verletzten entweder bereits anerkannt oder rechtshängig war. Rechtshängig bedeutet, daß eine gerichtliche Klage dem Prozeßgegner, also dem Unfallverursacher und/oder dessen Haftpflichtversicherung, bereits zugestellt, nicht nur bei Gericht eingereicht war.

Tip

Werden Sie als Angehöriger eines lebensgefährlich Verletzten mit einer solchen Situation konfrontiert, müssen Sie sofort zum Anwalt gehen und sich genau beraten lassen!

Ein etwaiges → *Mitverschulden* schlägt auch auf den Schmerzensgeldanspruch durch. Bei einer Schadensregulierung nach Quote gibt es auch nur ein quotenmäßiges Schmerzensgeld. Ein Mitverschulden liegt im übrigen **immer** darin, daß der Verletzte den Sicherheitsgurt nicht angelegt hatte.

Schuldanerkenntnis

Ein Schuldanerkenntnis, das Ihnen Ihr Unfallgegner nach dem Unfall ausstellt, ist (leider) nicht so viel wert, wie die Bezeichnung vermuten läßt.

Denn: Er kann in einer späteren Auseinandersetzung immer noch Einwendungen hinsichtlich des Unfallhergangs, der Schadenshöhe oder der Schuldfrage bringen. Das Schuldanerkenntnis führt nicht etwa dazu, daß ihm derartige Einwendungen dann völlig abgeschnitten sind. Im Ergebnis bringt es (nur) eine Umkehrung der Beweislast, d.h. derjenige, der das Schuldanerkenntnis abgegeben hat, hat dann immer noch die Möglichkeit zu beweisen, daß es doch anders war, als es sich aus dem Schuldanerkenntnis ergibt.

Tip

Sie selbst sollten sich aber davor hüten, Schuldanerkenntnisse abzugeben. Jeder Versicherungsnehmer ist nämlich gegenüber seiner eigenen Versicherung verpflichtet, derartige Schuldanerkenntnisse zu unterlassen. Zumindest theoretisch kann einem Versicherungsnehmer, der seine Schuld anerkennt, von der eigenen Versicherung daraufhin der Versicherungsschutz versagt werden.

Keine Einwände bestehen dagegen, den Unfallhergang objektiv an Ort und Stelle schriftlich festzuhalten, ohne jedoch eine rechtliche Wertung damit zu verbinden. Dies sei an einem Beispiel deutlich gemacht:

Beispiel: Schreiben oder erklären Sie **nicht:** „Ich bin an dem Unfall vom ... allein schuld und komme allein für den Schaden auf, weil ich die Vorfahrt verletzt habe.“

Es spricht aber nichts gegen folgende Formulierung:

Beispiel: „Ich wollte aus der B-Straße nach links in die bevorrechtigte A-Straße einbiegen und habe hierbei das Fahrzeug des Herrn X übersehen."

So fein sind die Unterschiede ...

Schweigepflicht

→ *Schmerzensgeld*

Sperrfrist

→ *Führerschein*

Spuren

→ *Beweise*

Standgeld

Aus der Erkenntnis heraus, daß Kleinvieh auch Mist macht, verlangen viele Abschleppunternehmen, Tankstellen, Werkstätten oder Autohändler Standgeld für die Zeit, in der Ihr beschädigtes Fahrzeug auf dem Unternehmensgelände unrepariert steht, sei es, weil der Sachverständige noch keine Besichtigung vorgenommen hat, sei es, weil Sie sich noch nicht entschließen konnten, was mit dem Fahrzeug weiter geschehen soll. Pro Tag fallen hier etwa zwischen DM 5,– und DM 12,– an.

Als Eigentümer des Fahrzeugs sind Sie verpflichtet, solche Standgelder zu bezahlen, weil durch das Abstellen rechtlich ein Vertragsverhältnis mit dem Werkstattbesitzer etc. zustande kommt und eigentlich niemand etwas umsonst tut.

Tip

Auch die Standgeldrechnung können Sie, Angemessenheit vorausgesetzt, bei der gegnerischen Versicherung geltend machen. Die Versicherung wird nur dann Schwierigkeiten machen, wenn die Standzeit aus nicht nachvollziehbaren Gründen z.B. mehr als eine Woche gedauert hat.

Strafantrag

Unsere Strafrechtsordnung unterscheidet zwischen sog. Offizial- und Antragsdelikten. Beide unterscheiden sich dadurch, daß bei Vorliegen eines Offizialdelikts die Strafverfolgungsbehörden „von Amts wegen" und ohne Ermessensspielraum tätig werden **müssen.** Bei Antragsdelikten ist im Regelfall dagegen die Stellung eines Strafantrags durch den Geschädigten erforderlich, um Polizei und Staatsanwaltschaft „in Bewegung" zu setzen. Ausnahme bei den Antragsdelikten: wenn die Staatsanwaltschaft das sog. öffentliche Interesse an der Strafverfolgung bejaht.

Ein typisches Antragsdelikt ist die „fahrlässige Körperverletzung".

Bei jedem Unfall mit Verletzten liegt, unabhängig von der Schwere der Verletzung, der Tatbestand der fahrlässigen Körperverletzung vor – es sei denn, ausschließlich der Unfallverursacher selbst sei verletzt worden.

Früher oder später stellt die Polizei dem Verletzten die Frage, ob er als Geschädigter Strafantrag stellen will oder nicht. Es gibt aber auch noch eine dritte Möglichkeit, der im Regelfall der Vorzug zu geben ist:

Tip

Es ist besser, man behält sich die Stellung eines Strafantrages vor, entscheidet sich also nicht unmittelbar nach dem Unfall bzw. der Vernehmung durch die Polizei zu ja oder nein.

Durchgängig werden von der Polizei Strafantragsformulare verwandt, in denen alle drei Möglichkeiten (Antragstellung, Verzicht, Vorbehalt) aufgeführt sind. Ein solches Formular finden Sie in Abschnitt 3.13, Seite 114, abgedruckt.

Beim Strafantrags-Vorbehalt muß man beachten, daß ein Strafantrag nur innerhalb von drei Monaten ab Kenntnis „von Tat und Täter", normalerweise also ab dem Unfalltag, gestellt werden kann. Um die Einhaltung der Frist muß man sich aber selber kümmern. Hier wird man nicht etwa nochmals kurz vor Fristablauf von der Polizei darauf hingewiesen.

Ob Sie Strafantrag stellen oder nicht, ist letzten Endes eine Entscheidung, die vom Umfang Ihrer „Rachegefühle" gegenüber dem Unfallverursacher (mit-) bestimmt wird.

Eines muß man noch einmal ganz klar sagen: Die Stellung oder Nichtstellung eines Strafantrages hat **keinen** Einfluß auf die Schadensregulierung. Strafrecht und Zivilrecht (Schadenersatzrecht) haben grundsätzlich nichts, aber auch gar nichts miteinander zu tun. Das geht sogar so weit, daß nicht einmal das strafrechtliche Urteil, durch das der Unfallverursacher wegen Körperverletzung oder sonstiger strafbarer Handlungen in bezug auf den Unfall verurteilt wurde, für den über Ihre Schadenersatzansprüche entscheidenden Richter verbindlich ist.

Es gibt eine einzige, aber für die Unfallregulierung unbedeutende Ausnahme: Das sog. Adhäsionsverfahren (Anschlußverfahren) entsprechend den Vorschriften der Strafprozeßordnung.

Danach kann derjenige, der durch eine Straftat verletzt worden ist, seine Schadenersatzansprüche auch im → *Strafverfahren* gegen den Schuldigen mitgeltend machen. Dann entscheidet der Strafrichter im Strafrechtsurteil gleich mit darüber – oder auch nicht. Der Strafrichter kann sich nämlich um die Schadenersatzfragen „drücken", und zwar nicht nur dann, wenn er den Angeklagten nicht verurteilt, sondern schon dann, wenn ihm der Antrag „unbegründet erscheint", sich zur „Erledigung im Strafverfahren" nicht eignet und insbesondere, wenn seine Prüfung das Strafverfahren verzögern würde.

Schon aus den genannten Gründen ist das Adhäsionsverfahren nie sonderlich populär geworden – ganz abgesehen davon, daß Strafrichter von den Grundsätzen der Schadensregulierung in Verkehrsunfallsachen häufig keine Ahnung haben.

Zurück zum Strafantrag: In Verkehrsunfallsachen wird seitens der Strafverfolgungsbehörden **zunächst** in jedem Falle das öffentliche Interesse bejaht, d.h., die entsprechenden Ermittlungen laufen, auch ohne daß Sie Strafantrag hätten stellen müssen. Allerdings: Bei leichten Verletzungen ist es sehr häufig, daß die Staatsanwaltschaft nach Durchführung der ersten Ermittlungen erklärt, ein öffentliches Interesse liege nicht (mehr) vor und die Sache dann zur weiteren Behandlung als → *Bußgeldverfahren* an die Bußgeldbehörde abgibt.

Haben Sie einmal auf Ihr Strafantragsrecht verzichtet, können Sie es sich später nicht anders überlegen. Verzicht bleibt Verzicht.

Innerhalb der Drei-Monats-Frist wird man Strafantrag nachträglich im Zweifel nur dann stellen, wenn der Unfallschuldige absolut uneinsichtig ist oder gar versucht, alle Schuld von sich auf einen anderen, nämlich den Verletzten, zu schieben. Dann ist die Stellung eines Strafantrages nicht nur ein durchaus legitimes Mittel, sondern auch ein Argument, das man bei den Regulierungsverhandlungen über den Schaden mit in die Waagschale werfen kann.

Zum Einfluß eines Strafantrages auf die Möglichkeit der Einstellung des Verfahrens: s. Stichwort → *Strafverfahren.*

Haben Sie Strafantrag rechtzeitig gestellt, steht Ihnen als weitere Möglichkeit offen, sich dem gegen den Unfallschuldigen gerichteten Strafverfahren als sog. Nebenkläger (→ *Nebenklage*) anzuschließen und damit Einfluß auf dieses Verfahren zu nehmen.

Strafverfahren

Im Zusammenhang mit Verkehrsunfällen werden Strafverfahren (im Unterschied zu → *Bußgeldverfahren*) vornehmlich wegen fahrlässiger Körperverletzung, Straßenverkehrsgefährdung, → *Unfallflucht,* fahrlässiger Tötung, evtl. auch Nötigung eingeleitet und durchgeführt.

Bei diesen Delikten handelt es sich um kriminelles Unrecht, also die Erfüllung von Straftatbeständen im Gegensatz zu Ordnungswidrigkeiten-(Bußgeld-) Verfahren, mit denen sog. „Verwaltungs-Unrecht" geahndet wird.

Im Bußgeldverfahren werden Geldbußen, im Strafverfahren Geldstrafen oder Freiheitsstrafe (Ausnahme: Einstellung des Strafverfahrens gegen Zahlung einer Geldbuße) verhängt. Wer beispielsweise wegen einer der vorgenannten Straftaten rechtskräftig verurteilt wird, ist vorbestraft!

Der Makel des Vorbestraften trifft sicherlich zu Recht denjenigen, der → *Unfallflucht* begangen oder in alkoholisiertem Zustand einen Verkehrsunfall verschuldet hat. Daß aber auch der Autofahrer sich eine Vorstrafe wegen fahrlässiger Körperverletzung einhandelt, der aufgrund einer momentanen Unaufmerksamkeit, die jedem Verkehrsteilnehmer unterlaufen kann (und vielen von uns bereits unterlaufen ist), beispielsweise einen Auffahrunfall verursacht, bei dem der Vordermann ein leichtes Schleudertrauma der Halswirbelsäule davonträgt oder sich beim Aufprall die Finger einer Hand verstaucht, ist nicht unbedingt zwingend. Dennoch: Auch geringfügige Verletzungen eines anderen erfüllen an sich den Tatbestand der fahrlässigen Körperverletzung.

Tip

Wird Ihnen gegenüber dieser Vorwurf im Zusammenhang mit einem Unfall erhoben, sollten Sie schleunigst einen → *Rechtsanwalt* mit Ihrer Vertretung beauftragen. Es gibt nämlich eine relativ häufig praktizierte Möglichkeit, die Bestrafung wegen fahrlässiger Körperverletzung abzuwenden: Die Einstellung des Verfahrens nach § 153 a StPO gegen Zahlung einer Geld**buße.**

Wichtig ist, daß Ihr Rechtsanwalt in einem möglichst frühen Verfahrensstadium Kontakt zur Staatsanwaltschaft aufnimmt, um zu vermeiden, daß diese erst einen Strafbefehl (so im Regelfall) beantragt oder (ausnahmsweise) Anklage erhebt.

Sind die Verletzungen des anderen nicht schwerwiegend und ist Ihr Verschulden am Unfall auch nicht besonders hoch, dann sind die Chancen für eine Einstellung gegen Zahlung einer Geldbuße nicht schlecht. Dies gilt erst recht, wenn der Verletzte entweder bereits auf → *Strafantrag* verzichtet oder sich die Stellung eines Strafantrages nur vorbehalten hat.

Wenn die Schadensregulierung im übrigen unproblematisch verläuft, ist auch mancher Verletzte durchaus bereit, einen bereits gestellten Strafantrag wieder zurückzunehmen.

In groben Zügen läuft das Einstellungsverfahren so ab, daß die Staatsanwaltschaft Ihnen „anbietet", das Verfahren wegen fahrlässiger Körperverletzung zunächst vorläufig einzustellen, wenn Sie bereit sind, eine Geldbuße in bestimmter Höhe bis zu einem bestimmten Zeitpunkt zu bezahlen.

In sehr vielen Fällen wird Zahlung der Geldbuße an eine Wohlfahrtsinstitution o.ä. aufgegeben. Die Höhe der Geldbuße entspricht in etwa dem, was bei Durchführung des Strafverfahrens als Geldstrafe zu erwarten gewesen wäre. Manchmal liegt sie aber auch etwas darüber. Erklären Sie Ihr Einverständnis mit diesem Vorschlag, wird das Verfahren vorläufig eingestellt. Sie müssen dann innerhalb der Ihnen gesetzten Frist der Staatsanwaltschaft gegenüber den Nachweis erbringen, daß Sie die Auflage erfüllt, sprich: die Geldbuße an die bestimmte Einrichtung gezahlt haben. Danach wird das Ermittlungsverfahren dann endgültig eingestellt.

Das erfreuliche Ergebnis: Keine Vorstrafe, keine Flensburg-Punkte!

Von der vorbeschriebenen Einstellungsmöglichkeit abgesehen, gibt es auch die Einstellung ohne Zahlung einer Geldbuße. Von dieser Einstellungsmöglichkeit wird häufig dann Gebrauch gemacht, wenn der Beschuldigte selbst verletzt worden ist.

Zu diesen Einstellungen muß das zuständige Gericht immer seine Zustimmung erteilen. Das geschieht aber auf dem „Postweg", also ohne Verhandlung.

Eine Einstellung des Verfahrens kann im übrigen zu jedem Zeitpunkt erfolgen, also auch noch in der Hauptverhandlung.

Der „normale" Gang des Strafverfahrens (wenn es also nicht bereits im Vorfeld zu einer Einstellung kommt) sieht so aus, daß die Polizei nach Abschluß ihrer Ermittlungen die Akte an die Staatsanwaltschaft weiterleitet. Diese beantragt in der Mehrzahl der Verkehrsstrafsachen (bei Ersttätern) beim zuständigen Amtsgericht den Erlaß eines Strafbefehls über eine Geldstrafe in bestimmter Höhe. Die Geldstrafe setzt sich zusammen aus einer Anzahl von „Tagessätzen", multipliziert mit der jeweils für den einzelnen Angeklagten ermittelten Tagessatzhöhe.

Beispiel: Vereinfacht ausgedrückt entspricht ein Tagessatz einer Geldstrafe in etwa 1/30 des monatlichen Nettoeinkommens. Verdienen Sie beispielsweise netto monatlich DM 3.000,–, beläuft sich Ihr persönlicher Tagessatz auf DM 100,–. Unterhaltsverpflichtungen, bestimmte Schulden etc. können zur Verminderung des Tagessatzes führen.

Die Anzahl der Tagessätze ist insbesondere auch abhängig vom Grad des Verschuldens. Handelt es sich nur um leichte Fahrlässigkeit, sind weniger Tagessätze fällig als bei grob fahrlässigem Verhalten. In den einzelnen Gerichtsbezirken gibt es von der Staatsanwaltschaft und den Gerichten immer wieder angewandte Listen, um eine halbwegs einheitliche Rechtsprechung zu erreichen. Für einen Verkehrsunfall mit Körperverletzung und relativ geringem Verschulden werden zwischen 10 und 25 Tagessätzen festgesetzt. Ein Unfall unter Alkoholeinfluß (fahrlässige Straßenverkehrsgefährdung) kostet auch bei nur mäßiger Promillezahl etwa 40–50 Tagessätze – und den → *Führerschein.*

Das sind, und hierauf muß nochmals hingewiesen werden, Beispiele. Es gibt durchaus regionale Unterschiede.

Erläßt das Amtsgericht den von der Staatsanwaltschaft beantragten Strafbefehl, kann man diesen akzeptieren – oder binnen einer Frist von zwei Wochen nach Zustellung (die im übrigen auch durch Niederlegung bei der Post erfolgen kann; → *Bußgeldverfahren*) Einspruch einlegen. Nach dem Einspruch kommt es dann zu einer regulären Hauptverhandlung vor dem Amtsgericht. Bei dem dann fälligen Urteil ist der Strafrichter im übrigen nicht gehindert, eine höhere Geldstrafe als im Strafbefehl vorgesehen oder eine längere Sperrfrist für den → *Führerschein* auszusprechen.

In den Fällen, in denen kein Strafbefehlsantrag von der Staatsanwaltschaft beim Amtsgericht gestellt wird, fertigt die Staatsanwaltschaft statt dessen eine Anklageschrift an. Das Amtsgericht überprüft dann, ob die Anklage zugelassen und das Hauptverfahren eröffnet wird. Dann kommt es zu irgendeinem späteren Zeitpunkt zu einem Hauptverhandlungstermin.

Das Strafbefehlsverfahren hat den Vorteil, daß hier quasi eine „Erledigung per Post" stattfindet, es also insbesondere nicht zu einer öffentlichen Hauptverhandlung gegen den Angeklagten kommt, an der jeder x-beliebige als Zuhörer teilnehmen kann.

Je nach Schwere des Vorfalls und nach dem Maß des Verschuldens, insbesondere auch dann, wenn es sich nicht um die erste verkehrsrechtliche Verurteilung handelt, werden auch in Verkehrsstrafsachen Freiheitsstrafen, unter Umständen auch ohne Bewährung verhängt. Wird eine Freiheitsstrafe zur Bewährung ausgesetzt, ist dies meistens mit der Zahlung einer zusätzlichen Geldbuße verbunden.

Selbstverständlich haben auch strafgerichtliche Verurteilungen einen Punkteeintrag in Flensburg zur Folge. Wir verweisen hierzu auf die in Abschnitt 3.10, Seite 108ff., abgedruckte Punktetabelle.

Tip

Ganz generell gilt: Wird gegen Sie wegen eines Straftatbestandes ermittelt, sollten Sie lieber früher als später einen → *Rechtsanwalt* mit Ihrer Verteidigung beauftragen.

Man muß aber auch ganz klar sagen, daß eine Strafverteidigung nicht gerade billig ist. Ein durchschnittliches Verkehrsstrafverfahren mit Hauptverhandlung kostet ohne weiteres zwischen DM 800,– und DM 1.200,– Anwaltsgebühren.

Angesichts dieser Anwaltsgebühren (und Freisprüche in Verkehrsstrafsachen auf Kosten der Staatskasse sind eine Seltenheit) macht sich eine → *Rechtsschutzversicherung* unter Umständen sehr schnell bezahlt.

Teilkasko

→ *Kaskoversicherung*

Teilschuld

→ *Mitverschulden*

Totalschaden

Von einem technischen Totalschaden spricht man dann, wenn ein Fahrzeug so beschädigt ist, daß eine Reparatur technisch nicht mehr möglich ist. Solche technischen Totalschäden sind höchst selten.

Häufig hingegen sind die sog. wirtschaftlichen Totalschäden. Das sind die Fälle, in denen die Reparaturaufwendungen den Wiederbeschaffungswert des Fahrzeugs abzüglich des → *Restwertes* übersteigen.

Wiederbeschaffungswert ist, verkürzt ausgedrückt, der Betrag, den man aufwenden muß, um ein dem Unfallfahrzeug gleichwertiges Fahrzeug zu kaufen. → *Restwert* ist der Betrag, den das Fahrzeugwrack noch darstellt. Der Restwert kann durchaus beträchtlich sein, wenn z.B. bei einem relativ neuen Fahrzeug der Motor durch den Unfall keinen Schaden erlitten hat oder sonstige wertvolle Teile ausgebaut werden können.

Ob ein Totalschaden vorliegt oder nicht, wird sich gewöhnlich nur anhand eines Sachverständigengutachtens (→ *Sachverständiger*) feststellen lassen. Liegt ein solcher Totalschaden vor, bedeutet das in vielen Fällen ein Verlustgeschäft für den Geschädigten, selbst wenn er am Unfall völlig unschuldig ist. Denn: Die gegnerische Versicherung ist in einem solchen Falle nur verpflichtet, den Betrag als Schadenersatz zu leisten, der sich nach Abzug des Restwertes vom Wiederbeschaffungswert ergibt, nicht aber die Reparaturkosten und insbesondere nicht das, was ein Fahrzeug dem Geschädigten selbst subjektiv wert gewesen ist.

In diesen Fällen sind besonders stark diejenigen betroffen, die ihre Autos hegen und pflegen und über lange Jahre hinweg nur relativ wenig gefahren sind.

Tip

Ist die Differenz zwischen der Totalschadensabrechnung und den kalkulierten Reparaturkosten nicht besonders groß, sollten Sie folgendes bedenken: Auch wenn ein wirtschaftlicher Totalschaden vorliegt, kann der Geschädigte bis zu etwa 30% mehr als den Betrag erhalten, der sich aus einer Totalschadensabrechnung ergibt, wenn er (obwohl dies nach den objektiven Berechnungen wirtschaftlich unvernünftig erscheint) dennoch sein Fahrzeug reparieren läßt.

Beispiel: Fahrzeugschaden nach Totalschadenabrechnung: DM 3.500,–.
Reparaturkosten: DM 4.000,–.
Hier liegen die Mehraufwendungen für die durchgeführte Reparatur noch im Bereich bis zu 30% über der Totalschadenabrechnung mit der Folge, daß die Versicherung DM 4.000,– erstatten muß.

Ummeldekosten

→ *Pauschalen*

Unabwendbares Ereignis

→ *Haftung*

Unerlaubtes Entfernen

→ *Unfallflucht*

Unfallfinanzierung

Nach einem Unfall entdeckt mancher Unfallbeteiligte eine ihm bislang unbekannte Hilfsbereitschaft, die als ausgesprochen wohltuend empfunden wird.

Hat es gekracht, kommt der Abschleppunternehmer und schleppt Ihr Fahrzeig in die Werkstatt Ihrer (manchmal aber auch **seiner**) Wahl. Betreibt der Abschlepper nebenher auch noch ein Mietwagenunternehmen, bringt man Sie selbstverständlich in das betreffende Büro. Ansonsten sorgt die Werkstatt, in die Ihr Fahrzeug abgeschleppt wird, umgehend dafür, daß Ihnen ein → *Mietwagen* zur Verfügung gestellt wird. Selbstverständlich brauchen Sie sich auch nicht um die Beauftragung eines → *Sachverständigen* zu kümmern. Und während Sie sich langsam von Ihrem Unfallschreck erholen, unterschreiben Sie so nebenher dies und jenes Papier, während man freundlich mit Ihnen weiterplaudert und Ihnen versichert, daß Sie sich um die Schadensabwicklung überhaupt nicht zu kümmern brauchen. Von der Möglichkeit, sich statt für einen Mietwagen auch für die Geltendmachung von → *Nutzungsausfall* entscheiden zu können, ist merkwürdigerweise kaum jemals die Rede.

Dann setzen Sie sich in Ihren Mietwagen und fahren und fahren und fahren ...

Und irgendwann, einige Zeit später, stellt sich dann heraus, daß Sie „so nebenbei“ nicht nur eine Abtretung Ihrer Schadenersatzansprüche aus dem Unfall, sondern gleichzeitig auch noch einen Unfallfinanzierungsvertrag mit einer Bank und eine Vollmacht für einen Ihnen völlig unbekannten → *Rechtsanwalt* unterschrieben haben ...

Das dicke Ende **kann** dann so aussehen, daß nur ein Teil Ihres Schadens von der gegnerischen Versicherung ersetzt wird. Über den Unfallfinanzierungsvertrag haben dann der Abschleppunternehmer, der Sachverständige, die Reparaturwerkstatt und das Mietwagenunternehmen ihre Rechnungen bezahlt erhalten (weil ja alles über den Unfallfinanzierungskredit finanziert wurde). Nur die finanzierende Bank hat noch Geld zu bekommen, nämlich von Ihnen! So kann, etwas überspitzt ausgedrückt, der Alptraum eines Unfallgeschädigten aussehen.

Tip

Seien Sie nicht zu großzügig mit Ihren Unterschriften unmittelbar nach einem Unfall. Ihre Unterschrift ist bekanntlich bares Geld wert. Die Frage: Mietwagen – ja oder nein, sollte gut überlegt sein. Welchen Anwalt Sie beauftragen wollen, sollten Sie wirklich selbst entscheiden und insbesondere sollten Sie sich vor einer mehr oder weniger Blankounterschrift unter einen Unfallfinanzierungsvertrag hüten!

Denn gerade auf den Finanzierungskosten bleiben Sie als Unfallgeschädigter am ehesten sitzen. In vielen Fällen weigern sich die gegnerischen Versicherungen zu Recht, die hohen Finanzierungskosten eines solchen Unfallfinanzierungskredits zu übernehmen.

Zum einen ist hierbei zu bedenken, daß der gegnerischen Versicherung eine angemessene Zeit zur Prüfung der von Ihnen geltend gemachten Ansprüche zugebilligt werden muß. Zum anderen ist es natürlich unsinnig, einen Unfallkredit bereits zu einer Zeit in Anspruch zu nehmen, in der tatsächlich überhaupt noch keine Rechnungen von Ihnen zu bezahlen waren.

Wenn die gegnerische Versicherung sich zu lange Zeit läßt, Ihre berechtigten Schadenersatzforderungen auszugleichen, dann hat sie auch die Kosten einer **notwendigen** Finanzierung zu tragen. Notwendig ist aber nur eine Finanzierung, die nicht unnötig teuer ist. Sie als Geschädigter sind nämlich verpflichtet, den Schaden von sich aus so gering wie möglich zu halten. Es trifft Sie die sog. Schadensminderungspflicht.

Wenn tatsächlich eine Kreditanspruchnahme z.B. zur Finanzierung Ihres Ersatzfahrzeuges notwendig ist, dann ist es im Regelfall problemlos möglich, daß Sie entweder Ihr sowieso bestehendes Girokonto überziehen oder sich von Ihrer Hausbank einen entsprechenden Kredit einräumen lassen. Es kann von Ihnen auch verlangt werden, ein eventuelles Sparguthaben zur Vorfinanzierung in Anspruch zu nehmen. Alle diese Möglichkeiten unterscheiden sich vom Unfallfinanzierungsvertrag dadurch, daß sie **wesentlich** billiger sind als der Abschluß eines gesonderten Kreditvertrages bei einer Bank, mit der Sie ansonsten nichts zu tun haben.

Unfallflucht

Genauer: „Unerlaubtes Entfernen vom Unfallort" (so die Bezeichnung des Straftatbestandes in § 142 Strafgesetzbuch) ist einer der übelsten und dennoch leider weit verbreiteten Vorgänge im Straßenverkehr. So waren 1987 beispielsweise in Baden-Württemberg bei jedem sechsten Verkehrsunfall Autofahrer flüchtig! (Genauer: in 47.453 von 273.604 Fällen.)

Die Motive für eine Unfallflucht sind vielfältig. Sie reichen von der Angst um den Führerschein wegen vorausgegangenen Alkoholgenusses (→ *Alkohol*, → *Blutprobe*, → *Führerschein*) bis zur Angst um den → *Schadenfreiheitsrabatt*. Und immer bleiben ein oder auch mehrere Geschädigte zurück, die bei „erfolgreicher“ Unfallflucht keine Chance haben, ihre berechtigten Schadenersatzansprüche zu realisieren.

Der „Unfallfluchtparagraph“ ist nicht dazu geschaffen, einen Unfallverursacher einer Bestrafung zuzuführen, sondern vom Grundgedanken her ausschließlich dazu, dem Geschädigten zu seinem Schadenersatz zu verhelfen!

Vereinfacht ausgedrückt begeht Unfallflucht nicht derjenige, der nicht die → *Polizei* holen läßt, sondern derjenige, der dem Geschädigten die Feststellungen über die Unfallverursachung und den Schuldigen unmöglich macht.

Wer Unfallflucht begeht, aber später ermittelt wird, riskiert auch seinen Versicherungsschutz. Die Haftpflichtversicherung zahlt zwar an den Geschädigten, nimmt aufgrund der durch den Versicherungsnehmer begangenen Unfallflucht aber bei diesem → *Regreß*. Ein erhebliches Risiko, über das sich viele Unfallflüchtige gar nicht im klaren sind.

Die Polizei gibt sich bei Unfallfluchtfällen überdurchschnittliche Mühe zur Täterermittlung. Mit Hilfe der Spurensicherung und der Kriminaltechnik können aus Spuren, die an der Unfallstelle vom flüchtigen Fahrzeug zurückbleiben, beispielsweise Teilen von Blinkergläsern, Lacksplittern etc., Rückschlüsse auf den Fahrzeugtyp gezogen werden. Ist dann wenigstens noch ein Teil des Kennzeichens bekannt, bleibt der Unfallflüchtige häufig im Fahndungsnetz hängen. Beispielsweise wurde 1987 in Baden-Württemberg immerhin jeder 3. Unfallflüchtige ermittelt.

Nicht selten überkommt den Unfallflüchtigen auch die nachträgliche Reue und er meldet sich entweder beim Geschädigten oder bei der Polizei.

Dies erspart ihm zwar nicht das anschließende → *Strafverfahren*. Wer sich aber nachträglich stellt, kann damit rechnen, daß das Verfahren vielleicht gegen Zahlung einer Geldbuße eingestellt wird, jedenfalls aber damit, daß er bei einer Verurteilung „besser wegkommt“.

Wird der Täter nicht ermittelt und stellt er sich auch nicht selbst, bleibt dem Geschädigten, so er keine Vollkaskoversicherung (→ *Kaskoversicherung*) hat, nur der sehr eingeschränkte Anspruch gegenüber dem Entschädigungsfond für Schäden aus Kraftfahrzeugunfällen. Hierzu mehr unter dem Stichwort → *Verkehrsopferhilfe*.

Unfallrekonstruktion

→ *Sachverständiger*

Unkosten (allg.)

→ *Pauschalen*

Unterhalt

Wird bei einem Verkehrunfall ein Mensch getötet, der anderen gegenüber (dem Ehepartner, den Kindern, den Eltern) unterhaltspflichtig war, dann muß der Schädiger auch für diese Unterhaltspflicht aufkommen, also Schadenersatz anstelle des getöteten Unterhaltspflichtigen leisten. Diese Schadenersatzpflicht dauert so lange, wie der beim Unfall Getötete voraussichtlich gelebt hätte und zum Unterhalt verpflichtet gewesen wäre.

Zur Berechnung des Unterhaltschadens der Hinterbliebenen gibt es keine allgemein gültige Formel. Es würde daher wenig Sinn geben, hier Einzelheiten darzulegen.

Tip

Der Rat in einem solchen Fall kann nur dahin gehen, unbedingt und so früh wie möglich einen → *Rechtsanwalt* mit der Wahrnehmung Ihrer Interessen zu beauftragen.

Von den Unfällen mit Todesfolgen abgesehen, gibt es noch eine zweite Kategorie von Unfällen, in denen die gesetzlich normierte Unterhaltspflicht eine Rolle spielt: beim Ausfall eines Ehepartners aufgrund eines Unfalls im Haushalt. Ehegatten sind nämlich wechselseitig, je nach Absprache, auch zur Führung des Haushalts als Ausfluß der Unterhaltspflicht verpflichtet. Fällt ein Ehegatte hierfür aufgrund eines Unfalls aus, hat der Schadenersatzpflichtige auch insoweit Ersatz zu leisten. Auch wenn derartige „Schadenspositionen“ zur Regulierung anstehen, werden Sie ohne anwaltliche Hilfe kaum weiterkommen.

Verdienstausfall

Selbstverständlich ist grundsätzlich auch ein Verdienstausfall zu ersetzen, den ein Unfallverletzter erleidet. Und „grundsätzlich" heißt bei Juristen immer, daß es auch Ausnahmen, Einschränkungen und Besonderheiten gibt. Insbesondere bei Selbständigen, Studenten und Schülern, die unfallbedingt erst zu einem späteren Zeitpunkt „ans Verdienen" kommen, oder Unfallbetroffenen, die anschließend den erlernten Beruf nicht mehr ausüben können, türmen sich eine Reihe von Einzelfragen und Problemen auf. In einem solchen Falle kann nur nachdrücklich dazu geraten werden, sich von einem fachkundigen → *Rechtsanwalt* beraten und vertreten zu lassen.

In sehr vielen Fällen hat der Unfallverletzte jedoch insoweit keine Probleme, denn er hat als Arbeitnehmer oder Beamter Anspruch auf Lohn- bzw. Gehaltsfortzahlung gegenüber seinem Arbeitgeber. Die Ersatzansprüche des Geschädigten gehen dann im Falle der Lohn- bzw. Gehaltsfortzahlung automatisch auf den Arbeitgeber über. Dieser kann und muß seinerseits diese Ansprüche bei der Haftpflichtversicherung bzw. dem Schädiger selbst geltend machen.

Manche Arbeitgeber treten diesen übergegangenen Anspruch wieder an den Arbeitnehmer ab und verlangen vom Arbeitnehmer, also dem eigentlich Unfallverletzten, daß dieser die abgetretenen Lohnfortzahlungsansprüche zusammen mit seinen eigenen Schadenersatzansprüchen beim Schuldigen bzw. dessen Versicherung geltend macht. Das ist im Prinzip nicht zu beanstanden, aber Vorsicht: Läßt sich der Geschädigte von einem → *Rechtsanwalt* vertreten und macht der Rechtsanwalt auch die übergegangenen Lohnfortzahlungsansprüche geltend, nehmen manche Versicherungen den Standpunkt ein, die Anwaltskosten insoweit nicht tragen zu müssen. Der verletzte Arbeitnehmer kann sich in einem solchen Falle auch nicht damit trösten, daß ja notfalls seine → *Rechtsschutzversicherung* die nicht gedeckten Anwaltskosten übernimmt.

Hier macht er Ansprüche aus abgetretenem Recht geltend mit der Folge, daß die Rechtsschutzversicherung sich wiederum auf einen allgemeinen Risikoausschluß (kein Rechtsschutz für die Geltendmachung aus abgetretenem Recht) berufen kann.

Tip

Kommen Sie in eine solche Situation, dann machen Sie Ihrem Arbeitgeber klar, daß dieser die Lohnfortzahlungsansprüche selbst gegenüber dem Schädiger bzw. dessen Haftpflichtversicherung geltend machen soll. Verbleibt trotz der Lohn- oder Gehaltsfortzahlung ein bezifferbarer Verdienstausfall, ist dieser selbstverständlich als Schaden dem Geschädigten direkt zu ersetzen.

Verkehrsopferhilfe

Mit wenigen, gesetzlich geregelten Ausnahmen, muß jedes in der Bundesrepublik am Verkehr teilnehmende Fahrzeug haftpflichtversichert sein. So ist es im → *Pflichtversicherungsgesetz* zwingend vorgeschrieben. Wie gegen jedes Gesetz, wird aber auch gegen das Pflichtversicherungsgesetz verstoßen, mit anderen Worten: Es gibt immer wieder Unfälle, die mit nichtversicherten Fahrzeugen verursacht werden.

Auch nützt eine tatsächlich bestehende Versicherung nichts, wenn der Schaden mit dem versicherten Fahrzeug vorsätzlich verursacht wurde. In einem solchen Falle braucht die Versicherung nämlich nicht zu bezahlen!

Und wenn der Unfallverursacher → *Unfallflucht* begeht und auch nachträglich nicht ermittelt werden kann, kann selbstverständlich ebenfalls keine Haftpflichtversicherung den Schaden regulieren.

Für diese Fälle hat der Gesetzgeber im Pflichtversicherungsgesetz und in einer Sonderverordnung die Schaffung eines **„Entschädigungsfonds für Schäden aus Kraftfahrzeugunfällen"** vorgeschrieben.

Für die Schadenersatzregulierung in diesen genannten Fällen ist zuständig die

Verkehrsopferhilfe e.V.
Glockengießerwall 1

2000 Hamburg 1

Von den Deckungssummen her gesehen, haftet die Verkehrsopferhilfe bis zu den gesetzlichen Mindestdeckungssummen für Personen- (derzeit DM 1,5 Mio.) und Sachschäden (derzeit DM 400.000,–).

Aber: Der Entschädigungsfond ist nur als „letzte Rettung" konzipiert. Das bedeutet, daß der Geschädigte seinen Schaden zunächst bei einer etwa bestehenden Vollkaskoversicherung und bei der eigenen Krankenversicherung und sonstigen eigenen Versicherungen geltend machen **muß.** Auch wenn der (bekannte) Täter eigenes nennenswertes Vermögen hat, muß der Geschädigte zunächst versuchen, seinen Schadenersatz direkt bei ihm selbst zu holen.

Erst wenn feststeht, daß solche Möglichkeiten nicht bestehen oder alle schon ausgeschöpft sind, kann die Verkehrsopferhilfe in Anspruch genommen werden.

Handelt es sich um einen Schaden mit einem nicht-versicherten Fahrzeug, dann reguliert die Verkehrsopferhilfe so, als wenn das Fahrzeug tatsächlich versichert gewesen wäre. Der Geschädigte erhält also Personen- und Sachschaden ersetzt wie bei jeder „normalen" Haftpflichtregulierung. Die Regulierung wird durch ein Versicherungsunternehmen vorgenommen, das von der Verkehrsopferhilfe beauftragt wird.

In Fällen von Unfallflucht sieht es wesentlich schlechter aus: Ersatz für den Fahrzeugschaden erhält der Geschädigte nicht. Für sonstige Sachschäden (z.B. am Gepäck, für im Fahrzeug mitgeführte Geräte, Kleiderschaden etc.) wird von der Verkehrsopferhilfe nur für die Schäden Ersatz geleistet, die den Betrag von DM 1.000,– überschreiten, mit anderen Worten: Es gibt eine Art Selbstbeteiligung in Höhe von DM 1.000,–.

→ *Schmerzensgeld* gibt es bei Unfallfluchtfällen **nicht** im sonst üblichen Umfang, sondern **nur** bei schweren Verletzungen mit Dauerschäden, d.h. in Fällen, in denen die Zahlung eines Schmerzengeldes zur Vermeidung einer groben Unbilligkeit erforderlich erscheint, also in vielen Fällen überhaupt nicht.

Verkehrssünderkartei

→ *Führerschein*

Verkehrszentralregister

→ *Führerschein*

Vernehmung

→ *Aussageverweigerungsrecht*

Verschulden(shaftung)

→ *Haftung*

Verteidiger

→ *Rechtsanwalt*

Verwarnung

Gerade bei Verkehrsunfällen, in denen es ohne Verletzte abgegangen ist, bietet die → *Polizei* einem oder beiden Unfallbeteiligten häufig an, die Sache mit einem Verwarnungsgeld „zu erledigen".

Eine solche Verwarnung ist nur in Fällen von Verkehrsordnungswidrigkeiten möglich, die nicht besonders schwer wiegen, bei Straftaten (Körperverletzung etc.) überhaupt nicht. Die Polizisten können das verlangte Verwarnungsgeld, dessen Höhe sich nach einem „Verwarnungsgeldkatalog" richtet, an Ort und Stelle kassieren.

Tip

Sollen Sie verwarnt werden, haben Sie aber das Recht, auch erst innerhalb einer Woche das Verwarnungsgeld zu bezahlen. Dazu kann nur **dringend** geraten werden, da Sie dann nochmals in Ruhe überlegen können, ob Sie die Verwarnung akzeptieren oder nicht.

Eine Verwarnung kann es nur geben, wenn Sie damit einverstanden sind. Falls nein, kommt es zur Einleitung eines → *Bußgeldverfahrens.* Über Ihr Weigerungsrecht muß die Polizei Sie belehren.

Haben Sie die Ihnen „angebotene" Verweigerung akzeptiert, kann der damit geahndete Verstoß gegen Verkehrsvorschriften nicht mehr als Ordnungswidrigkeit im → *Bußgeldverfahren* verfolgt werden. Auch dann nicht, wenn sich später herausstellt, daß an sich eine schwerwiegendere Verkehrsordnungswidrigkeit vorgelegen hat. Stellt sich anschließend jedoch heraus, daß es sich tatsächlich um eine **Verkehrsstraftat** handelte, kann es trotz angenommener und bezahlter Verwarnung noch zu einem → *Strafverfahren* kommen.

Aus einer akzeptierten Verwarnung kann Ihnen Ihre eigene Haftpflichtversicherung keinen Vorwurf machen. Darin liegt nämlich kein → *Schuldanerkenntnis.*

Kommt Ihr Gegner mit einer Verwarnung davon, ist es um so wichtiger, die → *Beweise* zu sichern, da in den Fällen, die durch Verwarnungen erledigt werden, normalerweise keine polizeiliche Unfallaufnahme stattfindet.

Ein Verwarnungsgeld führt im übrigen nie zu einem Punkteeintrag in der Verkehrssünderkartei.

Vollkasko

→ *Kaskoversicherung*

Vorsteuer

→ *Mehrwertsteuer*

Vorstrafe

→ *Strafverfahren*

Werkunternehmerpfandrecht

→ *Kostenübernahmeerklärung*

Wertminderung

Die Unfallfreiheit eines Gebrauchtwagens spielt bei dessen Kauf bzw. Verkauf immer eine den Preis mitbestimmende Rolle. Ein Unfallfahrzeug ist weniger wert als ein unfallfreies.

In der Rechtsprechung ist seit Jahren auch anerkannt, daß der Verkäufer eines Gebrauchtfahrzeuges von sich aus den Käufer darüber aufklären muß, wenn das Fahrzeug einen Unfall hatte, der Reparaturaufwendungen von ca. DM 1.000,– aufwärts erforderlich gemacht hat. Klar ist also, daß ein Fahrzeug auch nach ordnungsgemäß durchgeführter Reparatur eines Unfallschadens weniger wert ist (= bei einem Verkauf weniger bringen würde) als ohne den vorausgegangenen Unfall. Diese Wertminderung wird als sog. merkantile Wertminderung bezeichnet. Es ist durchgängig von allen Gerichten anerkannt, daß eine solche Wertminderung vom Schädiger zu ersetzen ist.

Nebenbei: Außer dieser merkantilen Wertminderung gibt es auch noch eine technische Wertminderung. Hiervon spricht man, wenn trotz sachgemäßer Reparatur technische Mängel zurückbleiben. Eine technische Wertminderung wird aber von den Gerichten letzten Endes nicht anerkannt, da man davon ausgeht, daß bei ordnungsgemäßer, fachgerechter Reparatur in einer Fachwerkstatt eben keine technischen Mängel zurückbleiben.

Zurück zum merkantilen Minderwert: Feststeht also, daß eine merkantile Wertminderung vom Schädiger zu ersetzen ist.

Bis zu diesem Punkt sind sich alle Gerichte einig. Geht es dann aber um die Frage, ob überhaupt eine Wertminderung anzunehmen ist, und wenn ja, in welcher Höhe, trifft der Geschädigte auf eine Vielzahl von Ansichten und Berechnungsmethoden.

Welche dieser Ansichten und Berechnungsmethoden letzten Endes der Richter anwendet, der über die Frage der Wertminderung zu entscheiden hat, kann Ihnen – vielleicht – Ihr Anwalt in Kenntnis der örtlichen Rechtsprechung sagen. Aber auch hierauf ist kein Verlaß, weil zumindest dann, wenn nur um die Wertminderung gestritten wird, sich die Fälle häufig im nicht berufungsfähigen Streitwertbereich bis DM 700,– vor dem Amtsgericht abspielen. Jeder Richter eines Amtsgerichts kann dann, in Kenntnis der Tatsache, daß Berufung nicht möglich ist, durchaus seine eigenen Ansichten vertreten und „Im Namen des Volkes" verkünden.

Die Frage, ob und in welcher Höhe eine Wertminderung gegeben ist, wird am einfachsten dadurch beantwortet, daß nach dem Unfall ein → *Sachverständiger* ein Gutachten über das Fahrzeug erstellt. Die Sachverständigen ermitteln nämlich nicht nur die Reparaturkosten, sondern geben in aller Regel auch ohne entsprechenden Zusatzauftrag eine Wertminderung an, die sich an den im jeweiligen Gerichtsbezirk normalerweise akzeptierten Grundsätzen orientiert. Wenn ein Sachverständiger eine solche Wertminderung im Gutachten gleich ausweist, gibt es im Regelfall keinerlei Schwierigkeiten mit der gegnerischen Versicherung, diesen Wertminderungsbetrag auch zu erhalten. Ist im Gutachten keine Wertminderung ausgewiesen, können Sie im Regelfall davon ausgehen, daß eine Wertminderung auch nicht gegeben, vor allen Dingen von Ihnen in einem Prozeß nicht zu beweisen ist.

Einige der **Berechnungsmodelle** wollen wir Ihnen jedoch in groben Zügen vorstellen:

1. Die einfachste Methode besteht darin, unabhängig von allen anderen Faktoren 15%–20% der Reparaturkosten als Wertminderung in Ansatz zu bringen.
2. Die etwas verfeinerte Methode errechnet sich wie folgt:
   Wiederbeschaffungswert des Fahrzeugs **vor** dem Unfall + Reparaturkosten; hiervon 5% als Wertminderung.
3. Nach einem dritten Modell werden 10%–30% der Reparaturkosten unter Berücksichtigung des Alters und der Laufleistung des Fahrzeugs als Wertminderung zuerkannt, jedoch nicht bei sogen. Einfachschäden und dann nicht, wenn das Fahrzeug älter als fünf Jahre ist oder mehr als 100.000 km Laufleistung hat.
4. Eine abgestufte Methode, die sich nur an der Laufleistung orientiert, sieht wie folgt aus:

   Bis 20.000 km Laufleistung 30%
   bis 50.000 km Laufleistung 20%
   bis 75.000 km Laufleistung 15%
   bis 100.000 km Laufleistung 10% der Reparaturkosten als Wertminderung.

Wir meinen, daß man auch in punkto Wertminderung „die Kirche im Dorf lassen“ sollte. Bei reinen Blechschäden mit einem Reparaturaufwand unterhalb der DM 1.000,– Grenze, bei Schäden also, die bei einem Weiterverkauf nicht von vornherein offenbarungspflichtig wären, ist ein merkantiler Minderwert nicht gegeben.

Auch kann bei Fahrzeugen, die älter als fünf Jahre sind oder bereits mehr als 100.000 km gelaufen sind, von einer Wertminderung ernsthaft wohl nicht mehr ausgegangen werden.

Gleiches gilt für eine „Rostlaube“ oder für Fahrzeuge, die bereits nennenswerte Vorschäden hatten.

Tip

Bei älteren, aber relativ wenig gefahrenen PKWs kann man versuchen, sog. „Beipolierungskosten“ in Ansatz zu bringen mit der Begründung, daß ein neu gespritztes Fahrzeugteil es notwendig macht, den bereits abgestumpften Lack der nicht neu lackierten Teile durch eine Politur anzugleichen. Wie gesagt, man kann es versuchen ...

Wiederbeschaffungswert

→ *Totalschaden*

Wildschaden

Schäden, die durch Wild verursacht werden, haben leider nur allzu häufig zum Ergebnis, daß der Geschädigte auf ihnen sitzenbleibt. Wichtig: Versuchen Sie ein Ausweichmanöver im Dienste des Tierschutzes wirklich nur dann, wenn Sie ganz sicher sein können, daß das Ausweichmanöver nicht an einer Leitplanke oder gar einem Baum endet!

Abgesehen davon, daß für Verletzungen bei Wildschäden außer der eigenen Kranken- oder Unfallversicherung keine andere Versicherung aufkommt, werden Sachschäden, wenn überhaupt, nur dann ersetzt, wenn wenigstens eine Berührung des Fahrzeugs mit dem Wild stattgefunden hat. Hinzu kommt: Es muß sich um sog. Haarwild handeln. Bei Unfällen mit Federwild gibt es keinen Ersatz. Haben Sie eine Vollkaskoversicherung (→*Kaskoversicherung*) ohne Selbstbeteiligung, ist diese eintrittspflichtig. Bei Teilkaskoversicherung (→*Kaskoversicherung*) oder Vollkaskoversicherung mit Selbstbehalt tragen Sie einen Eigenanteil pro Wildschaden in Höhe von DM 250,–.

Tip

Wichtig ist, daß Sie jeden Wildunfall unbedingt der →*Polizei* melden, weil dies Voraussetzung für die Eintrittspflicht der jeweiligen Versicherung ist.

Sind Sie Mitglied in einem Automobilclub, besteht im übrigen die Chance, dort weiteren Schadenersatz zu erhalten.

Mit Schadenersatzansprüchen gegenüber dem Jagdpächter, aus dessen Revier das Wild Ihnen vor das Fahrzeug lief, brauchen Sie sich erst gar nicht auseinanderzusetzen: Solche Ansprüche gibt es nicht, weil der Jagdpächter nämlich nicht als Tierhalter anzusehen ist.

Zentralruf der Versicherungen

Häufig genug kommt es vor, daß Unfallbeteiligte nicht einmal wissen, bei welcher Versicherungsgesellschaft ihr Fahrzeug versichert ist und auch keinerlei Unterlagen hierüber mit sich führen. Manche Zeitgenossen meinen auch (fälschlicherweise), zur Auskunft über ihren Haftpflichtversicherer nicht verpflichtet zu sein und verweigern daher diese Angaben.

Selbst wenn die →*Polizei* zum Unfall hinzugezogen wird, nützt dies im Regelfall in bezug auf die Auskünfte über die Versicherung wenig, weil die Polizei sich nämlich entweder nicht darum kümmert, bei welcher Versicherung welcher Unfallbeteiligte versichert ist, oder man an die Akten (→*Akteneinsicht*) viel zu spät für die Schadensregulierung herankommt.

Den Geschädigten blieb früher somit nichts anderes übrig, als die jeweilige Zulassungsstelle, die das amtliche Kennzeichen des Unfallverursachenden ausgegeben hatte, anzuschreiben, um festzustellen, welche Haftpflichtversicherung zuständig ist.

Zulassungstellen geben aus Datenschutzgründen grundsätzlich telefonisch keine Auskünfte. Die Folge war, daß es früher mehrere Tage dauerte, bis der Geschädigte jeweils Kenntnis von der gegnerischen Haftpflichtversicherung hatte. Um diese Verzögerung, die für den Geschädigten ärgerlich ist und auch nicht im Sinne der Versicherer liegt, auszuschalten, wurden die Zentralrufstationen in inzwischen 12 Städten der BRD und West-Berlin eingerichtet, die seit einiger Zeit auch unter einer einheitlichen Telefonnummer zu erreichen sind.

Die Telefonnummer mit den jeweiligen Vorwahlnummern finden Sie im Abschnitt 4.2, Seite 125, (Zentralruf der Versicherer).

Die Abfrage beim Zentralruf funktioniert folgendermaßen:

Sie müssen den Namen und die Anschrift des Halters (**nicht** des Fahrers), das Kennzeichen des anderen Unfallbeteiligten, möglichst auch den Fahrzeugtyp sowie den Unfalltag angeben; darüber hinaus Ihren eigenen Namen und Ihre Telefonnummer.

Von der Zentralrufstation wird Ihnen dann eine Rückfragenummer zugeteilt. Gleichzeitig sagt man Ihnen, wann Sie wieder anrufen sollen. Je nach dem Zeitpunkt Ihres ersten Anrufs können Sie bereits zwei Stunden später die Auskunft erhalten. Fragen Sie erst nachmittags beim Zentralruf an, müssen Sie unter Umständen bis zum nächsten Nachmittag warten, da manche Zulassungsstellen dem Zentralruf erst nachmittags Auskünfte erteilen.

Beim Rückruf wird Ihnen dann die Versicherungsgesellschaft mitgeteilt, zusammen mit der Versicherungsscheinnummer bzw. Deckungskartennummer. Besteht die Versicherung erst seit relativ kurzer Zeit bei der genannten Versicherungsgesellschaft, wird man Ihnen auch mitteilen, seit wann das Fahrzeug dort versichert ist.

Die Auskunft des Zentralrufs ist (von den Telefongebühren abgesehen) kostenlos.

Die Feststellung der gegnerischen Versicherung über den Zentralruf funktioniert – wie gesagt – jedoch nur, wenn Sie wissen, wer Halter des Fahrzeugs ist. Der Zentralruf darf keine Auskunft nur aufgrund des Kennzeichens geben.

Tip

Haben Sie es versäumt, den anderen Unfallbeteiligten danach zu fragen, ob er selbst Halter des Fahrzeuges ist, und, wenn nein, wer dann, bleibt im Normalfall nichts anderes übrig, als die schriftliche Halter- und Versicherungsanfrage an die zuständige Zulassungsstelle. In einem solchen Falle hilft jedoch vielleicht eine vorherige Rückfrage bei der Polizei, falls diese den Unfall aufgenommen hat: Die Polizei vermerkt nämlich in der Unfallaufnahme den Halter des Fahrzeugs.

Zeugen

→*Beweise*

Zeugnisverweigerungsrecht

Dem Betroffenen (wie derjenige heißt, gegen den sich ein →*Bußgeldverfahren* richtet) oder dem Beschuldigten (so lautet die entsprechende Bezeichnung im →*Strafverfahren*) steht ein →*Aussageverweigerungsrecht* zu.

Insbesondere den Angehörigen eines Betroffenen/Beschuldigten billigt das Gesetz ein Zeugnisverweigerungsrecht zu. Das heißt, die Angehörigen brauchen weder bei der Polizei noch der Staatsanwaltschaft noch dem Gericht (und zwar sowohl bei dem Gericht, das über Schadenersatzansprüche entscheidet wie auch bei dem Gericht, das über die Bestrafung zu befinden hat) Zeugenaussagen zu machen. Zu den Personen, die aus persönlichen Gründen zur Verweigerung des Zeugnisses berechtigt sind, gehören die Verlobten, die Ehegatten (auch wenn die Ehe geschieden ist), sowie Verwandte in gerader Linie, Verwandte in der Seitenlinie bis zum 3. Grad und Verschwägerte bis zum 2. Grad.

Das Zeugnisverweigerungsrecht beruht auf der leicht nachvollziehbaren Überlegung, daß niemand gezwungen werden soll, beispielsweise gegen seinen Ehegatten oder sein Kind auszusagen und möglicherweise durch diese Aussage eine Verurteilung herbeizuführen. Denn: Der Zeuge ist bekanntlich zur Wahrheit verpflichtet. Dies ist besonders bedeutsam im Zusammenhang damit, daß es ein Zeugnisverweigerungs**recht**, aber keine Zeugnisverweigerungs**pflicht** gibt. Niemand, auch kein Ehegatte oder Verwandter, soll daran gehindert werden, eine günstige Zeugenaussage zu machen. Nur – wer zur Zeugnisverweigerung berechtigt ist, dennoch aber sich zur Aussage bereit erklärt, muß sich genau wie jeder andere streng an die Wahrheit halten.

Über dieses Zeugnisverweigerungsrecht wird, da gesetzlich vorgeschrieben, von den Gerichten immer belehrt, aber nicht immer bei den Vernehmungen durch die →*Polizei.*

Tip

Sollten Sie in einen Unfall verwickelt sein, bei dem Personen als Zeugen in Frage kommen, die ein Zeugnisverweigerungsrecht haben, sollte vor irgendeiner Aussage genau überlegt werden, ob von diesem Recht Gebrauch gemacht wird oder nicht.

Entschließt sich jemand erst in einem späteren Verfahrensstadium dazu, von seinem Zeugnisverweigerungsrecht Gebrauch zu machen, dürfen im Strafprozeß seine früheren Aussagen auch nicht „durch die Hintertür“, z.B. durch Verlesung, eingeführt werden. Im Zivilprozeß (Schadenersatzprozeß) sieht das wieder anders aus.

3 Muster und Tabellen

In diesem Abschnitt werden Muster und Tabellen abgedruckt, die im Zusammenhang mit Verkehrsunfällen wichtig sein können.

3.1 Alkoholgehalt

Alkoholgehalt verschiedener Getränke (reiner Alkohol in Gramm)

Bier

0,3 l Bier =	ca. 10,8 g Alkohol
0,5 l Bier =	ca. 18 g Alkohol
0,5 l Starkbier =	ca. 25 g Alkohol

Wein

¼ l Weiß- oder Rotwein =	ca. 15,8 bis 19,8 g Alkohol

Weinbrand/Korn

2 cl Weinbrand =	ca. 6 g Alkohol
2 cl Korn enthalten =	ca. 5,1 g Alkohol

Sekt

0,2 l Sekt =	ca. 15,8 bis 19 g Alkohol

Die **Blutalkohol-Konzentration** auf dem Höhepunkt der Aufnahme läßt sich **ungefähr** nach folgender Formel berechnen:

$$\frac{\text{Konsumierte Alkoholmenge in g}}{\text{Körpergewicht in kg} \times 0{,}8} = \text{Blutalkoholkonzentration in Promille}$$

Beispiel 1 für eine 75 kg schwere Person:
2 „Halbe“ Bier + 2 Korn ergeben 46,2 g reinen Alkohol und auf dem Höhepunkt der Aufnahmekonzentration einen Blutalkoholgehalt von 0,77 ‰.

Beispiel 2 für eine 60 kg schwere Person:
1 Glas Sekt à 0,2 l + 2 „Viertele“ Wein ergeben ca. 53 g reinen Alkohol und damit auf dem Höhepunkt der Aufnahme einen Blutalkoholgehalt von 1,1 ‰.

Alkohol wird auch wieder abgebaut. Der Abbauwert liegt zwischen etwa 0,1 ‰ und 0,15 ‰ in der Stunde.

Alle Angaben stellen nur einen **ungefähren** Anhaltspunkt dar.

Dringend und nachdrücklich muß vor dem **„Herantrinken“** an die gesetzliche „0,8 ‰-Grenze“ gewarnt werden!

Obwohl eine folgenlose Fahrt unter Alkoholbeeinflussung erst ab einem Wert von 0,8 ‰ an mit Bußgeld, von 1,3 ‰ an mit Geldstrafe bedroht ist, kann bereits ab festgestellten 0,3 ‰ dann, wenn es zu einer Gefährdung oder gar zu einem Unfall gekommen ist, von einer **relativen Fahruntüchtigkeit** aufgrund vorausgegangenen Alkoholgenusses ausgegangen werden! Es erfolgt dann eine Verurteilung wegen fahrlässiger Straßenverkehrsgefährdung!

3.2 Formular: Belehrung bei Ordnungswidrigkeiten[1]

ERKLÄRUNG (§ 55 OWiG)

Vor meiner Anhörung ist mir eröffnet worden, daß mir folgender Verstoß vorgeworfen wird:

Ich bin darauf hingewiesen worden, daß es mir nach dem Gesetz freisteht, mich zu der Beschuldigung zu äußern oder nicht zur Sache auszusagen.

Ich habe mich wie folgt entschieden:

- O Ich möchte mich äußern.
- O Ich möchte mich nicht äußern.
- O Ich werde mich innerhalb einer Woche schriftlich äußern.

____________________ , den __________

____
(Unterschrift; Vor- und Zuname)

Angaben zur Sache:

1 Fassung, die im Bereich der Polizeidirektion Freiburg verwendet wird.

3.3 Formular: Beschuldigten-Vernehmung (Straftat)[1]

Dienststelle

Ort, Datum

BESCHULDIGTEN VERNEHMUNG

Beginn: ______ Uhr

Ende : ______ Uhr

I. Personalien

Geburtsname/Namensbestandteile	Vornamen
Familienname/Namensbestandteile	Akademische Grade
Sonstige Namen <GS>=Geschiedenenname, <VW>=Verwitwetenname, <FR>=früherer Name, <GN>=Genanntname, <KN>=Künstlername, <ON>=Ordensname, <-->=sonstiger Name.	Geburtsdatum Geschlecht Geburtsort Familienstand
Wohnungsanschrift mit PLZ/letzter Aufenthalt	Geburtskreis (bei Ausländern das Geburtsland anstelle Kreis) Staatsangehörigkeit
Eltern/Ges. Vertreter/Vormund/Pfleger (Wohnungsanschrift mit PLZ)	Erlernter Beruf Ausgeübte Tätigkeit Beschäftigungsort

Art des Ausweises Pass Personalausweis	Ausweisnummer	ausstellende Behörde
Führerscheinklasse	Listen-Nummer	ausstellende Behörde
ausgestellt am	auf Klasse	durch
erweitert am	auf Klasse	durch

II. Erklärung

Zu Beginn meiner Vernehmung wurde mir eröffnet, welche Tat mir zur Last gelegt wird:

In Betracht kommende Strafvorschriften:

Ich wurde darauf hingewiesen, daß es mir nach dem Gesetz freisteht, mich zu der Beschuldigung zu äußern oder nicht zur Sache auszusagen und daß ich jederzeit, auch schon vor meiner Vernehmung, einen von mir selbst zu wählenden Verteidiger befragen kann. Ferner bin ich darüber belehrt worden, daß ich zu meiner Entlastung einzelne Beweiserhebungen beantragen kann.

- ☐ Ich möchte mich **nicht** äußern.
- ☐ Ich möchte mich schriftlich äußern.
- ☐ Ich möchte zunächst einen Verteidiger befragen.

Ort, Datum

Unterschrift, Vor- und Zuname

1 Fassung, die im Bereich der Polizeidirektion Freiburg verwendet wird.

3.4 Blutprobe: Formular-Polizeibericht[1]

Einsendende Polizeidienststelle: ______

Protokoll und Antrag zur Feststellung von Alkohol im Blut

Geschäftsnummer: ______

Raum für Klebezettel

A. Polizeibericht

1. Personalien

Name: ______ Vorname: ______ Beruf: ______

Wohnort: ______ Straße: ______ geb. am: ______

2. Anlaß der Untersuchung

a) Verkehrsstraftat/Ordungswidrigkeit: Trunkenheit im Straßenverkehr - Verkehrsunfall mit Sachschaden/ Personenschaden/Getöteten/Unerlaubtes Entfernen vom Unfallort

Fahrer/Beifahrer - Lkw/Pkw/Motorrad/Motorroller/Moped/Fahrrad/Fußgänger

b) andere Straftaten/Ordnungswidrigkeiten: ______

Zeitpunkt des Vorfalls: Tag: ______ Uhrzeit: ______

3. Angaben über Alkoholaufnahme (nach Belehrung gemäß §§ 163a Abs. 4, 136 Abs. 1 Satz 2 und 3 StPO, § 55 OWiG)

Erklärung des Beschuldigten / Betroffenen

Es ist mir eröffnet worden, welche Tat mir zur Last gelegt wird. Ich bin darauf hingewiesen worden, daß es mir nach dem Gesetz freisteht, mich zu der Beschuldigung zu äußern oder nichts zur Sache auszusagen und jederzeit, auch schon vor meiner Vernehmung, einen von mir zu wählenden Verteidiger zu befragen.
Ich bin ferner darüber belehrt worden, daß ich zu meiner Entlastung einzelne Beweiserhebungen beantragen kann.*

(Ort, Datum) ______ (Unterschrift) ______

a) In den letzten 24 Stunden vor dem Vorfall:

von(Tag) ______ um ______ Uhr

bis(Tag) ______ um ______ Uhr - Art und Menge: ______

Ort(Gasthaus/Wohnung): ______

Nahrungsaufnahme, zuletzt wann: ______ was: ______

b) Wenn länger als 24 Stunden vor dem Vorfall Alkohol aufgenommen wurde:

von (Tag) ______ um ______ Uhr

bis(Tag) ______ um ______ Uhr - Art und Menge: ______

Ort(Gasthaus/Wohnung): ______

Nahrungsaufnahme, zuletzt wann: ______ was: ______

c) Alkoholaufnahme nach dem Vorfall: **ja/nein**

wo: Gasthaus/Fahrt/Wohnung ______

von(Tag) ______ um ______ Uhr

bis(Tag) ______ um ______ Uhr - Art und Menge: ______

Ist der zu Untersuchende eindringlich über einen Alkoholgenuß nach dem Vorfall befragt worden? **ja/nein**

Kann nach objektiven Feststellungen Nachtrunk ausgeschlossen werden? **ja / nein**

Das Untersuchungsergebnis ist zu senden an: ______

Rechnung ist einzusenden an: ______

(Ort, Datum) ______ (Unterschrift, Dienstgrad) ______

* Bei Verdacht einer Ordnungswidrigkeit ist dieser Satz zu Streichen.

1 Fassung, die im Bereich der Polizeidirektion Freiburg verwendet wird.

3.5 Blutprobe: Formular-Ärztlicher Bericht[1]

B. Ärztlicher Bericht

Name: ____________ Vorname: ____________ geb. am: ____________

1. Blutentnahme

1. Blutentnahme am: ____________ um ______ Uhr

2. Blutentnahme am: ____________ um ______ Uhr

Nicht mit Alkohol, Äther, Karbolsäure, Lysol, Sagrotan, Jodtinktur, oder anderen flüchtigen organischen Flüssigkeiten desinfizieren!!!

Bei Leichen: Todeszeit am ____________ um ______ Uhr

Fäulniserscheinungen: keine - leicht - stark

Blutentnahme nur aus der freigelegten Oberschenkelvene mit Venüle R oder Venülröhrchen. Nicht aus dem Herzen, aus Wunden oder Blutlachen!

Leichenblutentnahme - ca. 8 ccm - aus der ____________-Vene, am ____________ um ______ Uhr.

2. Befragung

Hat vor Blutentnahme Narkose stattgefunden? ja/nein - wann: ____________

Narkosemittel: ____________

Transfusion/Infusion: ja/nein - wann: ____________ wieviel: ____________

Blutverlust/Schock: ja/nein - Erbrechen: ja/nein - wann: ____________

Sind in den letzten 24 Std. vor Blutentnahme Medikamente verabfolgt oder eingenommen worden? ja/nein - welche: ____________ wann: ____________ wieviel: ____________ (wenn ja, möglichst Harnprobe sichern): ____________

Von dem jetzigen Vorfall unabhängige Krankheiten oder Leiden: Diabetes/Epilepsie/Geisteskrankheiten/ frühere Schädelhirntraumen: ____________

____

Schriftprobe (nicht Unterschrift): ____________

3. Untersuchungsbefund

Körpergewicht: gewogen/geschätzt ______ kg - Körperlänge: ______ cm

Konstitution: hager/mittel/fettleibig - Alkoholgeruch: ja/nein

Bestehende Verletzungen (auch Verdacht auf Schädeltrauma): ____________

Gang (geradeaus): sicher/unsicher - plötzliche Kehrtwendung nach vorherigem Gehen: sicher/unsicher

Drehnystagmus (den zu Untersuchenden mit offenen Augen fünf mal in 10 Sek. um die Vertikalachse drehen, anhalten - Dauer des Augenzuckens beim Fixieren des vorgehaltenen Zeigefingers in Sek. angeben) ______

Finger - F - Pr.: sicher/unsicher Nasen - F - Pr.: sicher/unsicher Sprache: deutlich/verwaschen/lallend

Bewußtsein: klar/benommen - Störung der Orientierung - der Erinnerung an den Vorfall/bewußtlos ______

Denkablauf: geordnet/sprunghaft/perseverierend/verworren

Verhalten : beherrscht/redselig/distanzlos/abweisend/herausfordernd/aggressiv

Stimmung : unauffällig/depressiv/stumpf/gereizt

Vortäuschung von Trunkenheitssymptomen? ____________

Bemerkungen des Arztes: ____________

Gesamteindruck (auch nichtalkoholbedingte Auffälligkeiten): ____________

____

Der Untersuchte scheint äußerlich nicht merkbar/leicht/deutlich/stark/sehr stark unter Alkoholeinfluß zu stehen - sinnlos betrunken zu sein. Eindeutige Beurteilung ist nicht möglich, weil ____________

____

4. Versicherung des Arztes

Die Desinfektion der Haut wurde nur mit Sublimat/Oxycyanat ______ vorgenommen. Die benutzten Instrumente wurden - ohne Alkohol - durch Auskochen/durch trockene Hitze sterilisiert. Venüle (R)/Röhrchen und Protokoll sind in meiner Gegenwart mit Klebezettel jeweils gleichlautender Nummern versehen worden.

(Ort, Datum) (Stempel des Krankenhauses/Arztes) (Unterschrift des Arztes)

____________ ____________ ____________

1 Fassung, die im Bereich der Polizeidirektion Freiburg verwendet wird.

3.6 Mittlere Bremsverzögerung für PKWs mit Gürtelreifen auf verschiedenen Fahrbahnen (Verzögerungswerte in m/sec²)

Trockene Asphalt- oder Betonfahrbahn =	6,5 – 9 m/sec²
Nasse Asphaltfahrbahn =	5 – 7 m/sec²
Nasse Betonfahrbahn (alte Bauart) =	4 – 6 m/sec²
Nasse Betonfahrbahn (neue Bauart) =	6 – 8 m/sec²
Pflaster, trocken =	6 – 8 m/sec²
Pflaster, naß =	4 – 7 m/sec²
Sand/Kiesweg, trocken =	5 – 6 m/sec²
Sand/Kiesweg, naß =	4 – 5 m/sec²
Eis =	0,5 – 3 m/sec²

3.7 Bremsweg/Bremszeit-Tabelle[1]

Vorbemerkungen zur folgenden Tabelle:

1) Bremsweg bzw. Bremszeit sind nicht zu verwechseln mit dem Weg bzw. der Zeit, die Sie tatsächlich benötigen, um zum Stillstand zu kommen.
Dieser sogen. Anhalteweg bzw. die Zeit, um anhalten zu können, ist noch länger, nämlich um die Zeit Ihrer Reaktion (etwa 0,8 – 1 Sekunde im Durchschnitt) sowie um die sog. Bremsansprechzeit.
Selbst bei guter Reaktion müssen Sie also noch die Wegstrecke hinzurechnen, die Sie in 1 Sekunde je nach Geschwindigkeit zurücklegen, um Ihren Anhalteweg ungefähr ermitteln zu können.

Hierzu ein Beispiel: (Reiner) Bremsweg bei 100 km/h und trockener Asphaltfahrbahn: 55,1 m. Hinzu kommt die Strecke, die Sie nach der Geschwindigkeit/Weg-Tabelle bei 100 km/h in 1 Sekunde zurücklegen, nämlich 27,78 m. Ihr gesamter Anhalteweg aus 100 km/h beläuft sich somit auf rd. 83 m!

2) Die angegebenen Zahlenwerte beziehen sich auf die Bremsverzögerung für einen PKW in m/sec. Bei diesen Zahlen handelt es sich um annähernde Werte.

Geschwindigkeit in km/h	Asphalt				Beton				Kopfsteinpflaster			
	trocken 7,0[2]		naß 6,0[2]		trocken 7,0[2]		naß 5,0[2]		trocken 6,0[2]		naß 5,0[2]	
	Bremsweg in m	Bremszeit in sec	Bremsweg in m	Bremszeit in sec	Bremsweg in m	Bremszeit in sec	Bremsweg in m	Bremszeit in sec	Bremsweg in m	Bremszeit in sec	Bremsweg in m	Bremszeit in sec
10	0,5	0,4	0,6	0,5	0,5	0,4	0,8	0,6	0,6	0,5	0,8	0,6
20	2,2	0,8	2,6	0,9	2,2	0,8	3,1	1,1	2,6	0,9	3,1	1,1
30	5,0	1,2	5,8	1,4	5,0	1,2	6,9	1,7	5,8	1,4	6,9	1,7
40	8,8	1,6	10,3	1,9	8,8	1,6	12,3	2,2	10,3	1,9	12,3	2,2
50	13,8	2,0	16,1	2,3	13,8	2,0	19,3	2,8	16,1	2,3	19,3	2,8
60	19,8	2,4	23,2	2,8	19,8	2,4	27,8	3,3	23,2	2,8	27,8	3,3
70	27,0	2,8	31,5	3,2	27,0	2,8	37,8	3,9	31,5	3,2	37,8	3,9
80	35,3	3,2	41,1	3,7	35,3	3,2	49,4	4,4	41,1	3,7	49,4	4,4
90	44,6	3,6	52,1	4,2	44,6	3,6	62,5	5,0	52,1	4,2	62,5	5,0
100	55,1	4,0	64,3	4,6	55,1	4,0	77,2	5,6	64,3	4,6	77,2	5,6
110	66,7	4,4	77,8	5,1	66,7	4,4	93,4	6,1	77,8	5,1	93,4	6,1
120	79,3	4,8	92,6	5,6	79,3	4,8	110	6,7	92,6	5,6	110	6,7
130	93,1	5,2	109	6,0	93,1	5,2	130	7,2	109	6,0	130	7,2
140	108	5,6	126	6,5	108	5,6	151	7,8	126	6,5	151	7,8
150	124	6,0	145	6,9	124	6,0	174	8,3	145	6,9	174	8,3
160	141	6,3	165	7,4	141	6,3	198	8,9	165	7,4	198	8,9
170	159	6,7	186	7,9	159	6,7	223	9,4	186	7,9	223	9,4
180	179	7,1	208	8,3	179	7,1	250	10,0	208	8,3	250	10,0
190	199	7,5	232	8,8	199	7,5	279	10,6	232	8,8	279	10,6
200	220	7,9	257	9,3	220	7,9	309	11,1	257	9,3	309	11,1

2 Vorbemerkungen auf S. 105

3.8 Geschwindigkeits-/Weg-Tabelle

Bei x km/h Geschwindigkeit legt ein Fahrzeug in 1 sec y m zurück:

km/h	m/sec	km/h	m/sec
5	1,39	110	30,56
10	2,77	115	31,94
15	4,17	120	33,33
20	5,56	125	34,72
25	6,94	130	36,11
30	8,33	135	37,50
35	9,72	140	38,89
40	11,11	145	40,28
45	12,50	150	41,67
50	13,89	155	43,06
55	15,28	160	44,44
60	16,67	165	45,83
65	18,06	170	47,22
70	19,44	175	48,61
75	20,83	180	50,00
80	22,22	185	51,39
85	23,61	190	52,78
90	25,00	195	54,17
95	26,39	200	55,56
100	27,78		

3.9 Geschwindigkeitsrückrechnung aus der Länge der Bremsspur

Die Frage der Ausgangsgeschwindigkeit vor einem Verkehrsunfall ist für die Beurteilung der Schuldfrage oft von ausschlaggebender Bedeutung.

Bei LKWs ist die Ermittlung der Ausgangsgeschwindigkeit relativ einfach, da diese mit einem Fahrtenschreiber (EG-Kontrollgerät) ausgerüstet sein müssen.

Bei PKWs kann aus der Länge der Bremsspur vom Sachverständigen die Geschwindigkeit zurückgerechnet werden. Hierzu wird folgende Formel angewandt:

$$v = \sqrt{2 \times a \times s} \times 3{,}6$$

Hierbei bedeuten v = Geschwindigkeit am Beginn der Bremsspur
a = Bremsverzögerung in m/sec^2
s = Länge der Bremsspur in m.

Als Ergebnis ergibt sich dann die Ausgangsgeschwindigkeit beim Beginn der Bremsspur in km/h.

Beispiel:
Länge der Bremsspur: 30 m
Konstante Verzögerung entlang der Bremsspur: 7,5 m/sec^2
Geschwindigkeit = $\sqrt{2 \times 7{,}5 \times 30} \times 3{,}6$ = 76,36 km/h

Diese Berechnungsformel trifft dann zu, wenn das Fahrzeug am Ende der Spur stehenbleibt und eine zusätzliche Geschwindigkeitsabnahme in Folge einer Kollision im Verlauf der Bremsspur unberücksichtigt bleibt.

3.10 Punktetabelle (Flensburger Verkehrssünderkartei)

Wie viele Punkte Sie für eine Verkehrsstraftat bzw. Verkehrs-Ordnungswidrigkeit „in Flensburg" erhalten, richtet sich nach der Allgemeinen Verwaltungsvorschrift zu § 56 StVZO. Diese lautet wie folgt:

(1) Die im Verkehrszentralregister erfaßten Entscheidungen sind zu bewerten:

1. mit sieben Punkten

folgende Straftaten

1.1 Straßenverkehrsgefährdung (§ 315 c StGB),
1.2 Führen eines Fahrzeugs bei Fahrunsicherheit infolge Genusses alkoholischer Getränke oder anderer berauschender Mittel (§ 316 StGB),
1.3 Rauschtat (§ 330a StGB),
1.4 Verkehrsunfallflucht (§ 142 StGB).

2. mit sechs Punkten

folgende weitere Straftaten

2.1 Führen oder Anordnen oder Zulassen des Führens eines Kraftfahrzeugs ohne Fahrerlaubnis, trotz Fahrverbots oder trotz Verwahrung, Sicherstellung oder Beschlagnahme des Führerscheins (§ 21 StVG),
2.2 Kennzeichenmißbrauch (§ 22 StVG),
2.3 Gebrauch oder Gestatten des Gebrauchs unversicherter Kraftfahrzeuge oder Anhänger (§ 6 PflVG, § 9 AuslPflVG);

3. mit fünf Punkten

alle anderen Straftaten, soweit sie nicht unter die Nummern 1 oder 2 fallen;

4. mit vier Punkten

folgende Ordnungswidrigkeiten
4.1 Führen eines Kraftfahrzeugs trotz eines Blutalkoholgehalts von 0,8 Promille oder mehr oder einer Alkoholmenge im Körper, die zu einer solchen Blutalkoholkonzentration führt,
4.2 Überschreiten der zulässigen Höchstgeschwindigkeit innerhalb geschlossener Ortschaften um mehr als 40 km/h oder außerhalb geschlossener Ortschaften um mehr als 50 km/h,
4.3 Überholen unter Nichtbeachtung von Überholverbotszeichen oder Fahrstreifenbegrenzungen bei Unübersichtlichkeit oder bei unklarer Verkehrslage,
4.4 Wenden oder Rückwärtsfahren auf Autobahnen oder Kraftfahrstraßen,
4.5 verbotenes Überholen oder Vorbeifahren durch Kraftfahrzeugführer an Fußgängerüberwegen unter Gefährdung von Fußgängern;

5. mit drei Punkten

folgende Ordnungswidrigkeiten
5.1 zu schnelles Fahren bei Unübersichtlichkeit oder an Straßenkreuzungen, Straßeneinmündungen oder Bahnübergängen,
5.2 Überschreiten der zulässigen Höchstgeschwindigkeit um mehr als 25 km/h außer in den in Nummer 4.2 genannten Fällen,
5.3 ungenügender Sicherheitsabstand bei einer Geschwindigkeit von mehr als 80 km/h,
5.4 verbotenes Rechtsüberholen außerhalb geschlossener Ortschaften,
5.5 Überholen bei Unübersichtlichkeit oder Überholen bei unklarer Verkehrslage in anderen als den in Nummer 4.3 genannten Fällen,
5.6 Nichtbeachtung der Vorfahrt durch Kraftfahrzeugführer,
5.7 verbotenes Ein- oder Ausfahren auf Autobahnen oder Kraftfahrstraßen,
5.8 Fahren außerhalb geschlossener Ortschaften ohne Licht oder nur mit Standlicht bei erheblicher Sichtbehinderung durch Nebel, Schneefall oder Regen,
5.9 unzulässiges Überqueren von Bahnübergängen durch Fahrzeugführer,
5.10 Führen eines Fahrzeugs mit mangelhaft gesicherter Ladung,
5.11 Führen eines Fahrzeugs mit Mängeln, die die Verkehrssicherheit erheblich beeinträchtigen (z.B. mangelhafte Reifen, Bremsen, Lenkung, Anhängerkupplung),

5.12 Führen eines Fahrzeugs unter Überschreitung der zulässigen Gewichte, Achslasten oder Anhängerlasten um mehr als 20 %,

5.13 Nichtbeachten des Rotlichts (als Wechsel- oder Dauerlichtzeichen) von Lichtzeichenanlagen oder des Haltzeichens von Polizeibeamten oder grobes Nichtbeachten des STOP-Zeichens durch Fahrzeugführer,

5.14 Führen oder Anordnen oder Zulassen des Führens eines Kraftomnibusses, einer Kraftdroschke, eines Mietwagens, eines Krankenkraftwagens oder eines Omnibusanhängers ohne die vorgeschriebene Fahrerlaubnis zur Fahrgastbeförderung,

5.15 Gebrauch oder Gestatten des Gebrauchs zulassungspflichtiger Fahrzeuge ohne Zulassung oder betriebserlaubnispflichtiger Fahrzeuge ohne Betriebserlaubnis,

5.16 Anordnen oder Zulassen der Inbetriebnahme eines Fahrzeugs mit Mängeln, die die Verkehrssicherheit erheblich beeinträchtigen (z.B. mangelhafte Reifen, Bremsen, Lenkung, Anhängerkupplung),

5.17 Anordnen oder Zulassen der Inbetriebnahme eines Fahrzeugs mit mangelhaft gesicherter Ladung,

5.18 Anordnen oder Zulassen der Inbetriebnahme eines Fahrzeugs unter Überschreitung der zulässigen Gewichte, Achslasten oder Anhängerlasten um mehr als 10 %;

6. mit zwei Punkten

folgende Ordnungswidrigkeiten

6.1 falsches Ein- oder Anfahren unter Gefährdung anderer,

6.2 verbotenes Parken auf Autobahnen oder Kraftfahrstraßen,

6.3 Nichtkenntlichmachen oder ungenügendes Kenntlichmachen liegengebliebener Fahrzeuge,

6.4 falsches Vorbeifahren an Haltestellen öffentlicher Verkehrsmittel,

6.5 Verstöße gegen das Rechtsfahrgebot bei Gegenverkehr, beim Überholtwerden, an Kuppen, in unübersichtlichen Kurven oder bei sonstiger Unübersichtlichkeit,

6.6 unzulässiger Fahrstreifenwechsel unter Gefährdung anderer,

6.7 falsches Verhalten beim Abbiegen oder Wenden unter Gefährdung anderer,

6.8 Überschreiten der Anmeldefrist zur Hauptuntersuchung um mehr als 4 Monate;

7. mit einem Punkt

alle übrigen Ordnungswidrigkeiten.

(2) Ist die Fahrerlaubnis bereits einmal entzogen worden, so bleibt die Punktebewertung für die vor der Entziehung begangenen Zuwiderhandlungen unberücksichtigt. § 1 Abs. 2 Satz 2 ist in diesen Fällen besonders zu beachten.

3.11 Rabattklassen der Kfz-Haftpflicht-versicherung ab 1. Januar 1985

1. Für Pkw- und Kombi-Besitzer

Schadenfreie Kalenderjahre	Schadenfreiheitsrabattklasse (SF-Klasse)	Beitragssatz in Prozent der Grundprämie		Rückstufung nach einem Schaden in SF-Klasse	Wann lohnt Selbstregulieren?	
		Haftpflicht	Vollkasko		Obergrenze eines Haftpflichtschadenbetrages in % der Haftpflichtprämie	Obergrenze eines Kasko-Entschädigungsbetrages in % der Kasko-Basispreise
13 u. mehr	SF 13	40	40	SF 8		
12	SF 12	40	40	SF 8		
11	SF 11	40	40	SF 7		
10	SF 10	40	40	SF 6	0	0
9	SF 9	40	40	SF 4	75	10
8	SF 8	45	45	SF 3	105	30
7	SF 7	50	50	SF 3	100	30
6	SF 6	55	55	SF 3	90	30
5	SF 5	60	60	SF 3	75	30
4	SF 4	65	65	SF 2	100	60
3	SF 3	70	70	SF 1	135	100
2	SF 2	85	85	SF 1	105	80
1	SF 1	100	100	SF ½	145	105

2. Für Anfänger und Schadenklassen (S)

½	SF½	125	110	S 1
–	0	175	125	S 1
–	S 1	175	–	S 2
–	S 2	200	–	S 3
–	S 3	200	–	S 3

3. Für Lkw- und Motorradbesitzer

				nur Lkw
mind. 3	SF 3	50	50	SF 2
2	SF 2	70	70	SF 1
1	SF 1	90	90	SF 1/2
½	SF ½	95	95	0
–	0	100	100	0

Mindestdeckungssummen für die Kfz-Haftpflichtversicherung seit 1. 7. 1981
– 1 Mio. DM für Personenschäden (1,5 Mio. DM bei mehreren Verletzten)
– 400 000 DM für Sachschäden
– 40 000 DM für reine Vermögensschäden, die nicht auf einen Sach- oder Personenschaden zurückzuführen sind.

3.12 Sonderkennzeichen

des Bundes und der Länder

Abgesehen von den üblichen amtlichen Kennzeichen für die einzelnen Städte und Landkreise gibt es eine Reihe von Sonderkennzeichen des Bundes und der Länder.

Damit Sie wissen, an welche Stelle Sie sich im Falle eines Unfalles wenden müssen, geben wir Ihnen die folgende Auflistung:

O Fahrzeuge des diplomatischen Corps
Auskunft: Zulassungsstelle der Stadt Bonn

BD Dienstfahrzeuge des Bundes (Bundestag, Bundesrat, Bundespräsidialamt, Bundesregierung, Bundesverfassungsgericht)
Auskunft: Bundesministerium für Verkehr, Abteilung Straßenverkehr

BG Bundesgrenzschutz
Auskunft: Bundesministerium des Inneren, Abteilung Bundesgrenzschutz

BP Deutsche Bundespost
Auskunft: Posttechnisches Zentralamt, Darmstadt

BW Bundeswasser- und Schiffahrtsverwaltung
Auskunft: Bundesministerium für Verkehr, Abteilung Wasserstraßen

DB Deutsche Bundesbahn
Auskunft: Abteilung Technik, Zentralstelle Kraftfahrzeuge, Mainz

Y Bundeswehr
Auskunft: Zentrale Militärkraftfahrtstelle, Düsseldorf

Fahrzeuge der Länder (jeweils Landesregierung und Landtag bzw. Senat und Abgeordnetenhaus/Bürgerschaft)

B Berlin
Auskunft: Zulassungsstelle Berlin (West)

BWL Baden-Württemberg
Auskunft: Zulassungsstelle Stadt Stuttgart

BYL Bayern
Auskunft: Zulassungsstelle Stadt Müchen

HB Bremen
Auskunft: Zulassungsstelle Stadt Bremen

HEL Hessen
Auskunft: Zulassungsstelle Stadt Wiesbaden

HH Hamburg
Auskunft: Zulassungsstelle Stadt Hamburg

NL Niedersachsen
Auskunft: Zulassungsstelle Stadt Hannover

RPL Rheinland-Pfalz
Auskunft: Zulassungsstelle Stadt Mainz

RWL Nordrhein-Westfalen
Auskunft: Zulassungsstelle Stadt Düsseldorf

SAL Saarland
Auskunft: Zulassungsstelle Stadtverband Saarbrücken

SH Schleswig-Holstein
Auskunft: Zulassungsstelle Stadt Kiel

3.13 Formular: Strafantrag[1]

Strafantrag

I. Erläuterung zum Strafantrag

1. Gewisse Straftaten, z. B. Beleidigung, Sachbeschädigung, Hausfriedensbruch, bestimmte Fälle der Körperverletzung, werden nur verfolgt, wenn die Geschädigten (in diesem Falle Sie) es wünschen und dies rechtzeitig in einem Strafantrag zum Ausdruck bringen. Nur dann ist eine Bestrafung möglich.
2. Sind Sie an einer Strafverfolgung nicht interessiert, können Sie auf die Stellung eines Strafantrags verzichten. Diese Erklärung ist dann unwiderruflich.
3. Sind Sie noch unschlüssig, können Sie sich auch erst später für oder gegen einen Strafantrag entscheiden (jedoch innerhalb von 3 Monaten).
4. Auf eine eventuelle zivilrechtliche Schadensregulierung wirkt sich der Strafantrag nicht aus.

II. Erklärung über die Stellung eines Strafantrags

wegen ....

Anzeige vom .... Az.: ....

1.* STRAFANTRAG

Ich stelle als Geschädigter/gesetzlicher Vertreter des ....

Strafantrag gegen ....

...., den .... 19........

....
(Unterschrift)

2.* Strafantrags-VERZICHT

Ich verzichte als Geschädigter/gesetzlicher Vertreter des ....

auf die Stellung eines Strafantrags gegen ....

...., den .... 19........

....
(Unterschrift)

3.* Strafantrags-VORBEHALT

Ich behalte mir als Geschädigter/gesetzlicher Vertreter des ....

die Stellung eines Strafantrags gegen .... vor.

Die Antragsfrist habe ich selbständig wahrzunehmen. Sie beträgt 3 Monate.

...., den .... 19........

....
(Unterschrift)

Entgegengenommen: Dienststelle:

...., den .... 19........

....
(Name, Amtsbezeichnung)

* Nichtzutreffendes streichen

Englisch **Explanation:**

1. Certain punishable offenses, such as slander, property damage, trespassing and certain cases of bodily damage will be pursued only if the injured party (in this case you) desires it and expresses his desire at the appropriate time in the form of an application for criminal proceedings. Only then is punishment possible.
2. If you are not interested in pursuing the case, you can waive the right to institute criminal proceedings. Such a waiver is irrevocable.
3. If you are still undecided, you can wait until later to decide for or against instituting criminal proceedings. (However, this must be done within three months.)
4. Application for the institution of criminal proceedings has no bearing on possible civil claims for damages.

Statement Concerning the Application for Institution of Criminal Proceedings

reason ....

1.* Application for Institution of Criminal Proceedings
I, as the injured party/legal representative of .... hereby issue a criminal complaint against ...., the .... 19...... .... (Signature)

2.* Waiver of Criminal Proceedings
I, as the injured party/legal representative of .... hereby waive all criminal proceedings against ...., the .... 19...... .... (Signature)

3.* Reservation of Criminal Proceedings
I, as the injured party/legal representative of .... reserve the right to institute criminal proceedings against .... I understand that this application is subject to a time limit of three months and that I am responsible for holding this time limit. ...., the .... 19...... .... (Signature)

* Cross out non-applicable portions

Französisch **Note explicative:**

1. Certains délits, tels que offenses, détériorations, violations de domicile, certaines blessures corporelles, ne sont sujets à poursuite que si la victime (vous en l'occurence) le souhaite et manifeste à temps cette volonté sous forme d'une demande en poursuite pénale. Dans ce cas seulement une punition est possible.
2. Au cas où vous ne seriez pas intéressé à une poursuite pénale, vous pouvez renoncer à porter plainte. Cette déclaration est alors irrévocable.
3. Si vous êtes encore hésitant, il vous est possible de prendre votre décision pour ou contre une demande en poursuite pénale plus tard (néanmoins dans le délai de 3 mois).
4. La demande en poursuite pénale n'exerce aucune influence sur une éventuelle procédure civile en dommages et intérêts.

Déclaration concernant la demande en poursuite pénale

pour ....

1.* Dépôt de la demande en poursuite pénale
Je dépose, en ma qualité de victime/représentant légal de............ une demande en poursuite pénale contre ....
............, le .... 19...... .... (signature)

---

1 Fassung, die im Bereich der Polizeidirektion Freiburg verwendet wird.

3.14 Schadensmeldung[1]

Fragebogen für Anspruchsteller

Dieses Formular beruht auf einer zwischen dem HUK-Verband und dem Deutschen Anwaltverein getroffenen Vereinbarung.

Aktenzeichen des Versicherers:
Aktenzeichen des Anspruchstellers:

1.1 Name des Anspruchstellers: ______ Berufliche Tätigkeit: ______

1.2 Anschrift: ______ Tel.: ______
(Postleitzahl)

1.3 Konto-Nr.: ______ bei: ______ BLZ: ______

Kontoinhaber: ______

1.4 Fahrer: ______

2.1 Name des Versicherungsnehmers (Schadenstifters): ______

2.2 Anschrift: ______ Tel.: ______
(Postleitzahl)

2.3 Versichert bei: ______ **2.4** Policen-Nr.: ______

2.5 Amtliches Kennzeichen: ______ **2.6** Name des Fahrers: ______

2.7 Anschrift des Fahrers: ______ Tel.: ______
(Postleitzahl)

3.1 Unfallort: ______

Unfalltag: ______ Unfallzeit: ______

3.2 Genaue Unfallschilderung mit Skizze (ggf. auf einem besonderen Blatt):

3.3 Andere am Unfall beteiligte Verkehrsteilnehmer: ______
(Name, Anschrift, amtliches Kennzeichen des Fahrzeuges)

3.4 Name und Anschrift der Unfallzeugen: ______

3.5 Welche Polizeidienststelle hat den Unfall aufgenommen: ______

1 Formular der Hans-Sodan-Stiftung Best.-Nr. H 3 Fragebogen für Anspruchsteller (9883-VI/86)

4. Bei Ansprüchen wegen Sachschäden

4.1 Was wurde beschädigt: ____________________

____

4.2 Wer ist Eigentümer der beschädigten Sache: ____________________

4.3 Gehört sie zum Betriebsvermögen? ja ☐ nein ☐ Vorsteuerabzugsberechtigt (Mehrwertsteuer) ja ☐ nein ☐

4.4 Art und Umfang der Beschädigung: ____________________

____

4.5 Wann und zu welchem Preis ist die beschädigte Sache angeschafft worden: ____________________

4.6 Voraussichtliche Höhe der unfallbedingten Wiederherstellungskosten: DM ____________________

4.7 Voraussichtliche Reparaturdauer: ____________________

4.8 Die beschädigte Sache kann besichtigt werden bei: ____________________ Tel.: __________

4.9 Hat eine Besichtigung stattgefunden: ja ☐ nein ☐; ggf. durch wen: ____________________

4.10 Frühere Schäden; Zahl und Umfang: ____________________

5. Bei beschädigten Kraftfahrzeugen zusätzlich zu beantworten:

5.1 Fahrzeugart: __________ Fabrikat: __________ Baujahr: __________ Km-Stand: __________ Amtl. Kennz.: __________

5.2 Wie viele Vorbesitzer sind im Kraftfahrzeugbrief eingetragen: ____________________

5.3 Durch welche Gesellschaft (Geschäftsstelle) und unter welcher Policen-Nr. war das Fahrzeug zur Zeit des Unfalls versichert:

Haftpflicht-Versicherung: ____________________ Nr.: __________

Vollkasko-Versicherung: ____________________ Selbstbeteiligung DM: __________ Nr.: __________

Teilkasko-Versicherung: ____________________ Selbstbeteiligung DM: __________ Nr.: __________

Verkehrsservice-Versicherung: ____________________ Nr.: __________

5.4 Leasing-Fahrzeug: ja ☐ nein ☐; Leasing-Bank: ____________________

Falls kein Totalschaden vorliegt, wird unter Hinweis auf die gesetzliche Schadenminderungspflicht sofortige Inangriffnahme der Reparatur empfohlen. Ein Schaden, der durch verspätete Auftragserteilung entsteht, geht nicht zu Lasten des Schädigers.
Bei Auftragserteilung ist die Reparaturwerkstatt darauf hinzuweisen, daß die Rechnung unter Berücksichtigung der Arbeitswertlisten der Herstellerwerke auszustellen ist.

6. Bei Ansprüchen wegen Personenschäden

6.1 Name des Verletzten: ____________________

6.2 Anschrift: ____________________ Tel.: __________
(Postleitzahl)

6.3 Geburtsdatum: __________ Familienstand: __________ Zahl und Alter der Kinder: __________

6.4 Ausgeübter Beruf: __________ selbständig: ja ☐ nein ☐ Monatliches Nettoeinkommen: DM __________
(Bescheinigung beifügen)

6.5 Name des Arbeitgebers: ____________________

6.6 Anschrift: ____________________ Tel.: __________
(Postleitzahl)

6.7 Bezieht der Verletzte unabhängig von diesem Unfall eine Rente: ja ☐ nein ☐; von wem: __________ monatl. DM __________

7.1 Art und Umfang der Verletzungen: ____________________

____

7.2 Sicherheitsgurt angelegt: ja ☐ nein ☐

7.3 Krankenhausaufenthalt von __________ bis (voraussichtlich) __________

7.4 Name und Anschrift des Krankenhauses: ____________________ Tel.: __________
(Postleitzahl)

7.5 Ambulant behandelnde Ärzte: ____________________
(genaue Anschriften mit Postleitzahl)

____

7.6 Ist der Verletzte hauskrank geschrieben: ja ☐ nein ☐ vom __________ bis (voraussichtlich) __________

7.7 Welcher Krankenkasse gehört der Verletzte an: ____________________

7.8 Lag Berufsunfall vor bzw. ereignete sich der Unfall auf dem Wege von oder zur Arbeit: ja ☐ nein ☐

7.9 Welche Berufsgenossenschaft ist zuständig: ____________________

7.10 Ist der Verletzte gesetzlich rentenversichert: ja ☐ nein ☐

7.11 Bei welcher Anstalt: ____________________

8. Der Verletzte ist damit einverstanden, daß die behandelnden Ärzte dem Versicherungsuntern. Gutachten u. Auskünfte erteilen: ja ☐ nein ☐

Rechnungen und sonstige Belege sind beizufügen! Vorstehende Angaben habe ich nach bestem Wissen gemacht!

__________, den __________ 19____ ____________________
(Unterschrift des Anspruchstellers)

3.15 Schadensmeldung

(Unfall mit im Ausland zugelassenem Fahrzeug; Anwaltsversion)

Muster

HUK-Verband
Glockengießerwall 1
2000 Hamburg

Betr.: Unfall mit im Ausland zugelassenem KFZ

Sehr geehrte Damen und Herren!

____

hat uns mit der Wahrnehmung seiner/ihrer rechtlichen Interessen aus einem Verkehrsunfall mit einem ausländischen Verkehrsteilnehmer beauftragt. Die Unfalldaten geben wir wie folgt bekannt:

Name und Anschrift des Schädigers:

____

Ort und Zeit des Schadensfalles:

____

Name und Anschrift der Versicherung des Schädigers:

____

Versicherungsschein-Nr. des Schädigers:

____

Amtliches Kennzeichen des Fahrzeugs
a) des Schädigers ______________________________
b) des Geschädigten ______________________________

Name und Anschrift der Versicherung des Geschädigten:

____

Grüne Versicherungskarte des Schädigers liegt – nicht – vor.
In der Anlage erhalten Sie auf uns lautende Vollmacht unseres Mandanten mit der Bitte, die zuständige deutsche Versicherung umgehend mit der Regulierung des Schadens zu beauftragen.

Mit freundlichen Grüßen

____

Rechtsanwalt

4 Adressen

4.1 Adressen der Kfz-Haftpflichtversicherer, die in der BRD zugelassen sind (Stand 1987)

Anschriften der Generaldirektionen, die ggf. Ihre Schadensmeldung an die zuständige Bezirks- bzw. Filialdirektion weiterleiten wird.

Aachener und Münchener
Versicherungs AG
Aureliusstr. 2
Postfach 10
5100 Aachen

ADLER
Feuerversicherung a.G.
Leibnizstr. 3-4
1000 Berlin 12

AGRIPPINA
Versicherung AG
Riehler Str. 90
Postfach 14 01 80
5000 Köln 1

ALBINGIA
Versicherungs-AG
Ballindamm 39
Europahaus
Postfach 10 02 22
2000 Hamburg 1

Allgemeine Versicherungs-AG
der HUK-Coburg
(HUK-Coburg-Allgemeine)
Bahnhofsplatz
Postfach 4 02
8630 Coburg

Allianz
Versicherungs-AG
Königinstr. 28
Postfach 44 01 24
8000 München 40

Alte Leipziger
Versicherung AG
Alter Leipziger-Platz 1
Postfach 16 60
6370 Oberursel 1

Ansvar
Versicherungsgesellschaft
Palmaille 30
2000 Hamburg 50

ARAG Kraftfahrt
Versicherungs-AG
Heinrichstr. 155
4000 Düsseldorf 30

Auto Direkt
Versicherungs-AG
Oberstedter Str. 14
Postfach 17 49
6370 Oberursel 1

Badischer
Gemeinde-Versicherungs-Verband
Körperschaft des
öffentlichen Rechts
Durlacher Allee 56 A
Postfach 15 49
7500 Karlsruhe 1

Barmenia Allgemeine
Versicherungs-AG
Kronprinzenallee 12-18
5600 Wuppertal

BASLER
Versicherungs-Gesellschaft
Basler Str. 4
Postfach 11 45
6380 Bad Homburg vdH

Bayerische Beamten
Versicherung AG
Thomas-Dehler-Str. 25
8000 München 83

Bayerische Versicherungsbank AG
Ludwigstr. 21
Postfach 22 01 52
8000 München 22

Bayerischer
Versicherungs-Verband
Anstalt des öffentlichen Rechts
Tattenbachstr. 2
8000 München 22

Bruderhilfe
Versicherungsverein a.G.
Kölnische Str. 108-110
Postfach 10 05 40
3500 Kassel

CIGNA
Insurance Company of
Europe S.A.
Erlenstr. 2-6
6000 Frankfurt 1

Colonia
Versicherung AG
Colonia Allee 10-20
Postfach 80 50 50
5000 Köln 80

CONCORDIA
Versicherungs-Gesellschaft a.G.
Karl-Wiechert-Allee 5
3000 Hannover 61

Condor
Allgemeine Versicherungs-AG
Ost-West-Str. 61
Condorhaus
2000 Hamburg 11

Continentale
Sachvers.-AG
Ruhrallee 94
Postfach 9 60
4600 Dortmund 1

D.A.S
Haftpflichtversicherungs-AG
Seitzstr. 20
8000 München 22

Deutsche Allgemeine
Versicherungs-AG
Bockenheimer Landstr. 2-4
Postfach 17 05 40
6000 Frankfurt 17

Deutsche Versicherungs-
Gesellschaft in Bremen AG
Herrlichkeit 6
2800 Bremen 1

Deutscher Herold
Allgemeine Versicherungs-AG
Poppelsdorfer Allee 25-33
Postfach 14 48
5300 Bonn 1

Deutscher Lloyd
Versicherungs-AG
Karlstr. 10
Postfach 41 02 63
5000 Köln 41

Deutscher Ring
Sachversicherungs-AG
Ost-West-Str. 110
2000 Hamburg 11

DEVK Allgemeine
Versicherungs-AG
Riehler Str. 190
5000 Köln 60

DEVK Deutsche Eisenbahn-Vers.
Sach- u. HUK-Vers.-Verein
a.G., Betriebl. Sozialeinrichtung
der DB
Riehler Str. 190
5000 Köln 60

DIALOG
Versicherungs-AG
Dammtorstr. 13
Postfach 30 11 70
2000 Hamburg 36

Erste Allgemeine
Versicherungs-AG
Sonnenstr. 31
8000 München 2

Europa Sachversicherung AG
Piusstr. 137
Postfach 10 07 50
5000 Köln 41

Fahrlehrerversicherung
Verein a.G.
Marienstr. 36
Postfach 2 11
7000 Stuttgart 1

Feuersozietät Berlin
Am Karlsbad 4–5
1000 Berlin 30

Feuerversicherungsanstalt
Saarland
Anstalt des öffentlichen
Rechts
Mainzer Str. 32–34
Postfach 2 95
6600 Saarbrücken

Frankfurter Versicherungs-AG
Taunus Anlage 18
Postfach 10 02 01
6000 Frankfurt/M 1

Garanta Versicherungs-AG
Rathenauplatz 16/18
8500 Nürnberg 21

Gegenseitigkeit Versicherung
Oldenburg
Peterstr. 6
Postfach 27 60
2900 Oldenburg/O.

Gemeinnützige
Haftpflicht-Vers.-Anstalt
der Land u. Fortwirtschaftl.
Berufsgenossenschaft
Darmstadt
Bartningstr. 57
Postfach 11 07 29
6100 Darmstadt

Gerling-Konzern
Allg. Versicherungs-AG
V.-Werth-Str. 4-14
Postfach 10 08 08
5000 Köln 1

Gothaer Allgemeine
Versicherung AG
Gothaer Platz 2-7
3400 Göttingen

Gothaer Versicherungsbank
VVaG
Kaiser-Wilhelm-Ring 23-25
Postfach 10 80 26
5000 Köln 1

Haftpflicht-Unterstützungs-
Kasse
kraftfahrend. Beamter
Deutschlands a.G.
in Coburg (HUK-Coburg)
Bahnhofsplatz
Postfach 4 02
8630 Coburg

Haftpflichtverband der
Deutschen Industrie VVaG
(HDI)
Riethorst 2
Postfach 51 03 69
3000 Hannover 51

Haftpflichtvers.-Anstalt der
Braunschweigischen Landwirt-
schaftl. Berufsgenossenschaft
Bruchtorwall 13
3300 Braunschweig

Hamburg-Mannheimer
Sachversicherungs-AG
Überseering 45
2000 Hamburg 60

Hamburger Phoenix
früh. Gaedesche Vers.-AG
Ost-West-Str. 98
Postfach 11 14 47
2000 Hamburg 11

Hannover
Allgemeine Versicherungs-AG
Riethorst 2
Postfach 51 03 64
3000 Hannover 51

HDI s. Haftpflichtverband

Helvetia
Schweizerische
Feuerversicherungs-Ges.
Berliner Str. 56-58
Postfach 31 27
6000 Frankfurt/M. 1

Hessen-Nassauische
Vers.-Anstalt
Anstalt des öffentlichen Rechts
Bahnhofstr. 69
Postfach 31 20
6200 Wiesbaden

HUK-Coburg
s. Allg. Versicherungs-AG

Iduna
Allgem. Versicherung AG
Neue Rabenstr. 15-19
Postfach 30 27 21
2000 Hamburg 36

Insurance Company
of North America
Erlenstr. 2-6
6000 Frankfurt 1

INTERUNFALL
Internat. Unfall- u.
Schaden-Versicherung AG
Hermannstr. 10
Postfach 10 32 60
2000 Hamburg 1

Itzehoer Versicherungsverein
Landwirtschaftl. Vers.-Verein a.G
Hansestr. 10
Postfach 2 29
2210 Itzehoe

Karlsruher Versicherung AG
Ebertstr. 60
Postfach 38 80
7500 Karlsruhe 1

Kölnische Sachvers.-AG
Clever Str. 36-38
5000 Köln 1

KRAVAG-Sach
Versicherung des Deutschen
Kraftverkehrs V.a.G
Heidenkampsweg 100
2000 Hamburg 1

La Garantie Mutuelle des
Fonctionnaires
Hahnstr. 40
6000 Frankfurt 71

Landschaftl. Brandkasse
Hannover
Schiffgraben 4
Postfach 2 80
3000 Hannover 1

Landwirtschaftlicher
Versicherungsverein
Münster a.G.
Kolde-Ring 21
Postfach 61 45
4400 Münster/W.

Lippische Landes-
Brandversicherungsanstalt
Sprottauer Str. 1
Postfach 75
4930 Detmold 1

LVM s. Landwirtschaftl.
Vers.-Verein

Magdeburger
Feuerversicherungs-AG
Kirchhorster Str. 2
Postfach 51 05 09
3000 Hannover 51

Mannheimer Versicherung AG
Augusta-Anlage 65
Postfach 15 06
6800 Mannheim 1

Mecklenburgische
Vers.-Gesellschaft a.G.
Berckhusenstr. 146
3000 Hannover 61

MÜNCHENER VEREIN
Allgem. Versicherungs-AG
Pettenkoferstr. 19
Postfach 20 06 28
8000 München 2

National Union
Feuervers. Gesellschaft
Oberlindau 76-78
6000 Frankfurt/M. 1

NECKURA
Versicherungs-AG
Oberstedter Str. 14
Postfach 17 80
6370 Oberursel 1

NECKURA Allgem.
Versicherungs-AG
Oberstedter Str. 14
Postfach 13 08
6370 Oberursel

Nordstern
Allgemeine Versicherungs-AG
Gereonstr. 43-65
Postfach 10 13 68
5000 Köln 1

Nürnberger Allgemeine
Versicherungs-AG
Rathenauplatz 16-18
Postfach 21 01 80
8500 Nürnberg 21

Nürnberger Beamten
Allgemeine Versicherung AG
Rathenauplatz 16-18
Postfach 21 01 80
8500 Nürnberg 21

Öffentliche Sachversicherung
Braunschweig
Wolfenbütteler Str. 86
Postfach 33 05
3300 Braunschweig

Öffentliche Versicherung
Oldenburg
Staugraben 11
Postfach 27 05
2900 Oldenburg/O.

ÖVA
Allgemeine Versicherungs-AG
Gottlieb-Daimler-Str. 2
Postfach 16 80
6800 Mannheim 1

Partner-Gruppe
Allgem. Versicherungs-AG
Berliner Str. 170-172
Postfach 10 14 64
6050 Offenbach/M.

Patria Versicherung AG
Riehler Str. 90
Postfach 14 01 66
5000 Köln 1

Plus
Allgemeine
Versicherungs-AG
Bachemstr. 4-6
Postfach 29 01 71
5000 Köln 1

Provinzial Brandkasse
Versicherungsanstalt
Schleswig-Holstein
Sophienblatt 33
Postfach 11 43
2300 Kiel 1

Provinzial-Feuerversicherungs-
anstalt der Rheinprovinz
Friedrichstr. 62-80
Postfach 11 45
4000 Düsseldorf 1

R+V Allgemeine Versicherung AG
Taunusstr. 1
Postfach 48 40
6200 Wiesbaden 1

Rheinland Versicherungs-AG
Marienkirchplatz 4
Postfach 4 58
4040 Neuss a. Rh.

Saar-Rhein Allgem.
Versicherungs-AG
Sulzbachstr. 16-18
Postfach 4 15
6600 Saarbrücken 3

Saar-Union
Allgem. Versicherungs-AG
Neumarkt 15
Postfach 7 69
6600 Saarbrücken 3

SAVAG
Saarbrücker Versicherungs-AG
Dudweiler Str. 41
Postfach 3 77
6600 Saarbrücken 3

Schwarzmeer und Ostsee
Versicherungs-AG
SOVAG
Schwanenwik 37
2000 Hamburg 76

Schweizer-National
Versicherungs-AG
in Deutschland
Neue Mainzer Str. 1
6000 Frankfurt 1

Securitas
Bremer Allgemeine
Versicherungs-AG
Am Wall 153/156
Postfach 10 78 07
2800 Bremen

SIGNAL
Unfallversicherung a.G.
Joseph-Scherer-Str. 3
Postfach 2 37
4600 Dortmund

Skandia
Versicherungs-AG
Graf-Folke-Bernadotte-Str. 23
6078 Neu-Isenburg

SOVAG s. Schwarzmeer u. Ostsee

Sparkassen-Versicherung
Allgem. Versicherung AG
Löwentorstr. 65
Postfach 50 10 80
7000 Stuttgart 1

Thuringia
Versicherungs-AG
Adenauerring 7
Postfach 83 09 58
8000 München 83

Transatlantische
Sachversicherungs-AG
Palenreie 40-44
Postfach 67 02 40
2000 Hamburg 67

Union
Actien-Ges. f. Versicherungen
Rathausstr. 12
2000 Hamburg 1

United Service
Automobile Association
Kleine Wiesenau 1
Postfach 18 04 20
6000 Frankfurt/M 18

Universa Allgemeine
Versicherung AG
Sulzbacher Str. 1-7
Postfach 21 02 09
8500 Nürnberg 21

VDK
Versicherung der Kraftfahrt AG
Charlottenstr. 82
1000 Berlin 61

Verein. Aachen-Berlinische
Versicherung AG
Fritz-Schäffer-Str. 10
Postfach 20 25 22
8000 München 83

Vereinigte Haftpflicht-Vers.
Versicherungsverein a.G.
in Hannover
Constantinstr. 40
Postfach 2 67
3000 Hannover 1

Versicherungsverband für
Gemeinden u. Gemeindeverb.
Versicherungsverein a.G.
Aachener Str. 1040
Postfach 40 06 51
5000 Köln 40

VHV
s. Vereinigte Haftpflicht-Vers.

VICTORIA
Feuer-Vers.-AG
Victoria-Platz 1
Postfach 11 16
4000 Düsseldorf 1

VÖDAG
Versicherung f. den öffentl.
Dienst AG
im Ader-Iduna-Verbund
Leibnizstr. 3-4
1000 Berlin 12

Volksfürsorge
Deutsche Sachvers.-AG
Besenbinderhof 43
Postfach 10 64 29
2000 Hamburg 1

Volkswohl-Bund
Sachversicherung AG
Südwall 37-41
Postfach 3 16
4600 Dortmund 1

Westfälische Provinzial-
Feuersozietät
Bröderichweg 58
Postfach 59 60
4400 Münster

WGV-Schwäbische Allgem.
Versicherung AG
Tübinger Str. 43
Postfach 7 74
7000 Stuttgart 1

Wikinger Lloyd
Versicherungs-AG
Potsdamer Str. 47
Postfach 37 03 74
1000 Berlin 37

Winterthur Schweizerische
Versicherungs-Gesellschaft
Leopoldstr. 204
Postfach 40 20 20
8000 München 40

Württ. Gemeinde-
Versicherung a.G.
Tübinger Str. 43
Postfach 7 74
7000 Stuttgart 1

Württembergische
Feuerversicherung AG
Johannesstr. 1-7
Postfach 60
7000 Stuttgart 1

Württembergische und
Badische Versicherungs-AG
Karlstr. 70-72
Postfach 37 09
7100 Heilbronn/N.

WWK
Allgemeine Versicherung AG
Marsstr. 42
8000 München 2

Zenith Versicherung AG
Alter Leipziger-Platz 1
Postfach 16 60
6370 Oberursel

Zürich Versicherungs-Gesellschaft
Zürich-Haus
am Opernplatz
Postfach 17 05 40
6000 Frankfurt/M. 17

4.2 Zentralruf der Versicherer

Der →*Zentralruf der Versicherer* hat eine bundeseinheitliche Telefonnummer erhalten. Diese lautet:

192 13

Unter dieser Nummer erreichen Sie in folgenden Städten Zentralrufstellen (Vorwahlnummer in Klammern):

Aachen (04 21)
Berlin (0 30)
Dortmund (02 31)
Essen (02 01)
Frankfurt (0 69)
Hamburg (0 40)
Hannover (05 11)
Köln (02 21)
Mannheim (06 21)
München (0 89)
Nürnberg (09 11)
Saarbrücken (06 81)
Stuttgart (07 11).

Die Zentralrufe sind in der Regel arbeitstäglich zwischen 7.00 und 19.00 Uhr, der Zentralruf München bis 23.00 Uhr besetzt.

Der Zentralruf München ist im übrigen auch an Wochenenden und Feiertagen in der Zeit zwischen 9.00 und 21.00 Uhr erreichbar.

Wie die Auskunft über den Zentralruf funktioniert: dazu mehr unter dem Stichwort → *Zentralruf* im Lexikonteil.

4.3 Zulassungsstellen für Privatfahrzeuge der Angehörigen ausländischer Streitkräfte in der BRD

Belgische Streitkräfte		Belgische Streitkräfte Territorialstab Zulassungsstelle für PKW und Zentralregister BSD Etzelkaserne Dürener Straße 5000 Köln 40
	oder:	Bureau Population Quartier Haelen BpS 7 Forces Belges en Allemagne 5000 Köln 40
Britische Streitkräfte		Enquiries BZ Lincensing B.F.P.O. 40 5th Barracks 4050 Mönchengladbach
	oder:	BFG Licensing Office Command Pay BOAR 4050 Mönchengladbach
Französische Streitkräfte		Bureau Immatriculation Schwarzwaldstraße 135 7570 Baden-Baden
Kanadische Streitkräfte		Licensing Office CFPO 5056 CFB Baden-Söllingen 7570 Baden-Baden 1
		Licensing Office CFPO 5000 CFB Lahr 7630 Lahr
Niederländische Streitkräfte		Kommandant der Königl. Niederländischen Militärpolizei 4402 Greven/Westfalen
U.S. Streitkräfte		H. Q. US Army Europe Vehicle Registrar Römerstraße 104 6900 Heidelberg
	oder:	Amerikanische Zulassungsstelle Czerny Ring 11 6900 Heidelberg

5 Gesamtstichwortverzeichnis